ぶらりあるき

メコンの国々

カンボジア・ラオス・ベトナムひとり旅

ウイリアムス春美 著

芙蓉書房出版

カンボジア

王宮とシルバー・パゴタ（プノンペン）

メコン川沿いには高層ビルも建てられている（プノンペン）

トンレサップ湖の夕日（シェムリアップ）

アンコール・トム

タ・プローム寺院

托鉢僧にお布施
(プノンペン)

フローティング・
ヴィレッジの商店
（シェムリアップ）

屋台に群がる子どもたち

マーケットにはたくさんの野菜や果物、
食用の虫まで並んでいる

ベトナム

ベトナムの町はどこもバイクで
あふれている（ホーチミン）

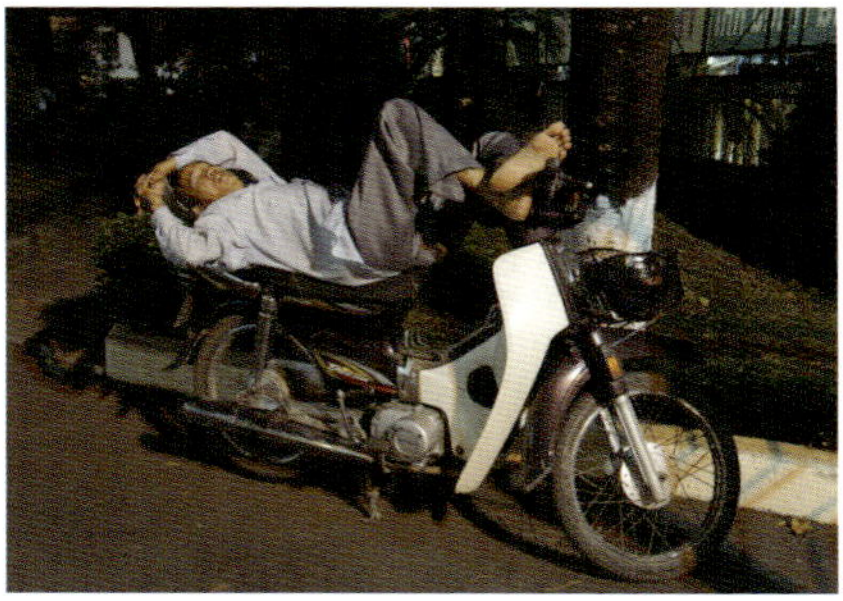

バイクの上でお昼寝？

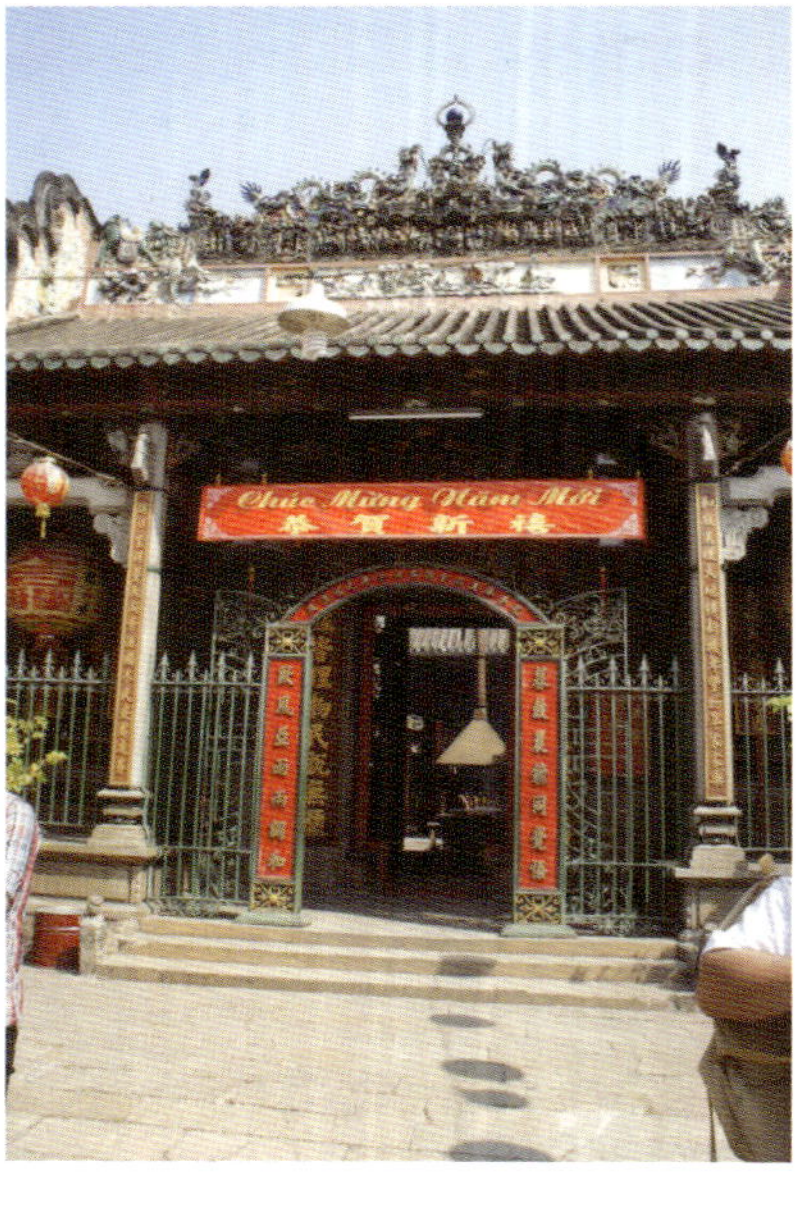

ティエンホ寺（ホーチミン）

日本橋を訪れた観光客と僧侶が記念写真（ホイアン）

道路脇にポツンとある
日本人の墓への案内板
（ホイアン）

阮朝王宮の門（フエ）

裏通りでちょっとひと休み
（ホイアン）

ホーチミン博物館のホーチミン像
（ハノイ）

町角でみかける屋台
（ハノイ）

道路の壁に描かれた見事な作品
（ハノイ）

些細な過ちを人形を身代わりに
許してもらう（ハノイ）

並んで布施を頂く托鉢僧
（ルアンパバーン）

着飾って布施する女性たち

プーシーの丘から見た夕日（ルアンパバーン）

タートルアンの寝仏（ビエンチャン）

高僧の柩を運ぶ霊柩車
（ビエンチャン）

モン族のお正月。
おしゃれをしたが 12 月は寒い（ポーンサワン）

まえがき

ヨーロッパ諸国の植民地獲得競争でイギリスに遅れをとったフランスは、アジアに目を向けた。一八五八年、ナポレオン三世がフランス宣教師団の保護を目的に遠征軍を派遣したことがきっかけとなり、一八六二年にはベトナムの一部を、そして一八八六年にはベトナム全土を植民地とした。また、一八六五年にはタイからカンボジアの保護権を奪い、一八八四年には完全にフランスの保護国にした。さらに一八九三年にはラオスをフランスの保護国とした。この三ヵ国がフランス領インドシナである。

フランスによる統治は、フランスがドイツに占領された一九四五年まで続いたが、それで西洋との関わりが終ったわけではなかった。インドシナ戦争が始まると、これらの国々は戦乱に巻き込まれていく。長い戦乱の後、一九七五年にはベトナムがアメリカに勝利し、ラオスにはラオス人民民主共和国が設立された。また、一九九三年にはカンボジア王国が再建された。

私はタイを何度も訪れているが、隣国のカンボジア、ラオスを訪れる機会がなかった。カンボジア、ラオス、ベトナムは、ベトナム戦争に巻き込まれたうえ、戦争が終わった後も、今度は内戦が絶えず、とても旅行者が入れるような状態ではなかったからだ。

二〇〇七年、ラオスを訪れる機会があり、隣のベトナムへも行った。しかしその時、カンボジアへは行かなかった。行きたくなかったのだ。ポル・ポト政権の虐殺事件や、アンコール・ワットが内戦の場になったことを知っていたので、その現場は見るに堪えないだろうと思った。私の中にあるアンコール・ワットのイメージを壊されなくなかったのである。

しかし、二〇一五年に思い切って訪れることにした。カンボジアの内戦が終わり、国内も安定し、日本などの援助でアンコール・ワットの修復、再建が進んでいることを耳にしたからである。その成果が見たかった。そして長い戦いが終わったカンボジアで、人々はどんな希望を持って生活しているのか知りたかった。

ラオスはカンボジアとベトナムに囲まれた国だが、ベトナム戦争に正式には加わっていなかったはずだった。しかし、両国に挟まれていたばかりに、戦争に巻き込まれたのであろう。やっと独立にこぎつけたラオスの現状も知りたい。

そんな気持ちを抱きながら、二〇一五年二月、カンボジア、ベトナム、ラオスの旅に出た。

ぶらりあるき　メコンの国々●目次

躍動するベトナム

ほんとうのラオス

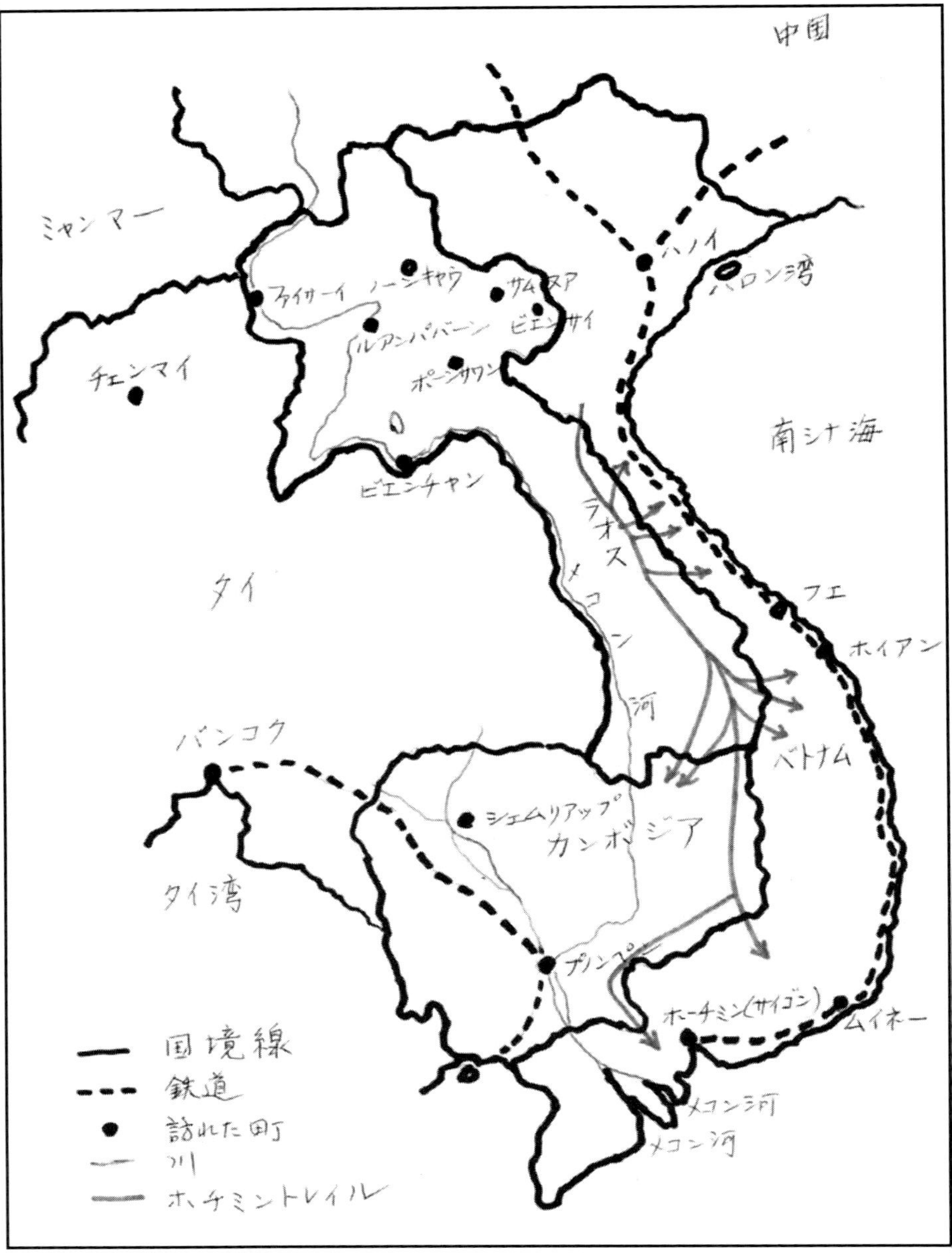

中国
ミャンマー
ハノイ
ハロン湾
フアイサーイ
ノーンキャウ
サムヌア
ルアンパバーン
ビエンサイ
ポーンサワン
チェンマイ
南シナ海
ビエンチャン
ラオス
メコン河
タイ
フエ
ホイアン
ベトナム
バンコク
シェムリアップ
カンボジア
タイ湾
プノンペン
ホーチミン(サイゴン)
ムイネー
メコン河
メコン河
国境線
鉄道
訪れた町
川
ホーチミントレイル

変わりゆくカンボジア

カンボジア再び

私が初めてカンボジアを訪れたのは一九六七年、二十六歳の時だった。今から四十八年も前のことである。カンボジアに立ち寄ったのはヨーロッパから日本へ帰る途中だったので、ほんの二、三日の余裕しかなく、アンコール・ワットだけにしか行けなかった。いや、その時は「カンボジア＝アンコール・ワット」という理解しかなかった。

一九六七年といえば、一九五三年のカンボジアの独立から十四年しかたっていない。次から次へと襲ってきた他国からの攻撃と、長い間の内戦で大きな被害を受け、国家再建に懸命になっている時だった。海外からの援助もボツボツ来始め、カンボジアを植民地としてきたフランス政府のサポートでアンコール・ワットの修復作業については、ほぼ完了したと言われていた時だった。その頃は「世界遺産」という呼称はなかったが、アンコール・ワットの美しさ、壮大さは日本でも報道されていたので見学してみたいと思っていた。

カンボジアに着いて、すぐアンコール・ワットに直行し、そこで二日間を過ごした。夜は、アンコール・ワットを背景にした舞台でのカンボジアの伝統舞踊を見た。多分、アプサラダンス（天女のダンス）と言われるものだったと思う。それまで見たことのない踊りで、いつまでも忘れることができなかった。隣りのタイは何度も訪れていながらカンボジアに行かなかったのは、この時の感動、イメージを壊したくなかったからかもしれない。

四十八年の間、カンボジアには実にいろいろなことが起こった。反中親米のロン・ノル将軍のクーデター、米軍と南ベトナム政府軍のカンボジア侵攻、米軍のカンボジア空爆拡大、ポル・ポト派支配下の悲惨きまわる自国民大虐殺……。しかし、再び訪れた二〇一五年、人々は打ちひしがれてはいなかった。どうにかして生きのび、将来に向けて自分達の国を再建しようという大事業に立ち向かっている姿を私は見た。

❖力満つ春の兆しやカンボジア

❖メコン川夜風涼しく人集ふ

❖プチパリのベランダ涼しプノンペン

プノンペン　戦乱を越えて

四十八年ぶりのカンボジアにはある種の緊張を覚えた。クメール・ルージュ（赤の共産党）、ポル・ポト派に痛めつけられたカンボジアを見るのが恐かった。

プノンペンの最初の夜のホテルはタイの旅行会社を通して予約をとることにした。一泊五〇ドル。いつも貧乏旅行をしているので、最初の夜から五〇ドルはちょっときつかったが、旅行会社を通すと安いホテルはないらしい。しかし、値段より安全の方が第一である。

タイのチェンマイからプノンペンまで飛行機でわずか一時間。心の準備に時間がかかった割にはあっけなく、内心あせった。ホテルまでどうやって行こうか。やっと英語のわかる人をつかまえて聞くと、予約したホテルへ行くにはタクシーしかないらしい。「バスは？」と聞いてみたが、空港からのバスはプノンペン中心街にしか行かないらしい。私の予約したホテルは中心街からかなり離れているようだ。せっかく旅行会社を通して予約したのにがっかりだ。うろうろしていたら、案の定タクシーの運転手につかまってしまった。

「なに、なに、ダイヤモンド・パレス？　なんでそんな遠い所へ行くの？　私が安い所を紹介してあげますよ」

タクシーに乗るとすぐそんな会話になった。

「おじさん、英語上手ですね」

お世辞ではなく、本当に上手なので驚いた。ベトナム戦争が終って米軍が去ってから二十五年、ＵＮＴＡＣ（Unite Nations Transitional Authority in Cambojia 国連カンボジア暫定統治機構）が去ってから十一年しかたっていないのに、一時は敵国だったアメリカの国の言葉をタクシーの運転手がこんなに流暢に話せるようになるなんて！　ＵＮＴＡＣは、行政、人権、選挙、軍事、警察、難民帰還、復旧復興の七部門で構成され、総勢二万人の大規模な平和維持活動組織だった。

「おばさん、一人で旅行？」

おばさん？　何と失礼な！　と思ったが、すぐ気をとりなおして、「ええ。そうよ」と答えたら、「おばさん、いくつ？」と聞いてきた。重ね重ね失礼な！　と思ったが、「いくつだと思う？」と答えたら、「七十六？」

私は、四月八日に七十五歳になる。あまりに近いのでどきっとした。

「よくわかったわねえ。　どうして？」

「山岳地方の田舎にいる母がその年齢なんですよ。すごくよく似ている。だからすぐわかりましたよ。でも私の母は一人旅なんてとてもできません。家の中にじっとしてます。でもおばさんはその年齢で一人旅なんてすごいですねえ」

褒められているのか馬鹿にされているのかわからなかったが、とにかくごまかしをするよう

な人物ではなさそうだと感じた。予算はいくらと聞くので、大体二五ドルと言ったら、
「オーケー、私の知っている宿なら大丈夫だと思うから、まずダイヤモンド・パレスに行く前にそのホテルに行って見てみよう。もし気に入ったらそこで明日の晩の予約をとって、ダイヤモンド・パレスは今夜だけにすればいい。町の中心だからずっと便利ですよ」

そういうことになり、空港からかなりの距離を走って町の中心らしき所に着いた。

階段を登ったところにあるホテルに入り、二五ドルの部屋を見せてもらった。悪くない。窓が全然ないので、独房のような気がしないでもないが、独房よりは広いし、バスルームが部屋についていてお湯も出る。テレビもある。一夜の宿にそれ以上に必要なものはあるまい。オーケーすることにした。

それから十五分ほどタクシーに乗って、ダイヤモンド・パレスに着いた。でもロビーがない。バーの入口のような扉があるだけだ。半信半疑で、入るのを躊躇していたら、「間違いじゃないですよ。ここでいいんです」と、バーで働いていた若者がドアを開けた。なれた英語だった。中に入ると、日本語が聞こえてきたのでまた驚いた。こんなところで、日本人が何をしているんだろうか。

そんな疑問に答えがかえってくるわけもなく、二人の従業員が私の荷物を持って、さっさと二階への階段を上り始めていた。

「ここです」と言われた部屋のドアを開けて、また驚いた。部屋の広さといい、間取りといい、造りといい、今予約してきた半額の値段の部屋と全く同じではないか。経営者や建築家が

メコン川沿いには
高層ビルも

泊まったホテル
「ダイヤモンド・パレス」

プノンペンの町
ダイヤモンド・パレス
の裏通りのアパート

しゃぶしゃぶ・寿司
バイキングの店
材料がベルトコンベア
で運ばれてくる

同じなのか。窓が一つもないところまで似ている。

旅の疲れも出たのか、荷物を置くとすぐ横になった。テレビでも見ながら寝ようと思ってスイッチを入れる。何と「ＴＶジャパン」。日本人がこの部屋にいたのだろうか？

しばらく横になって「ＴＶジャパン」を見ていたが、時計をみるとまだ午後六時。タイとの時差はない。寝てしまうには早すぎるので、散歩に出かけようと思い、下に降りていくと、「なぜ外に出る？」「どこに行くのか？」「何をしに行くのか？」「何か食べたいものはあるか？」と質問攻めにあった。

「ただその辺を散歩したいから」と言うと、不思議そうな顔をされた。それでも迷子にならないようにと、ホテルの住所を書いた紙を渡してくれて、やっと外出を許されたというような具合だった。

タクシーの運転手はこの辺は町の中心から外れていると言っていたが、にぎやかだし、レストランも多い。ちょっと歩いただけでも日本食レストランが三軒、その間には韓国レストランやカンボジア・マッサージ・パーラーもある。

レストラン街を過ぎると、大きな広場に出た。子供たちは走り回り、大人たちは屋台で軽食を食べるのに忙しそうだ。広場の端の方に、「しゃぶしゃぶ・寿司バイキング」という看板を出した大衆食堂のようなレストランがあった。かなり広い店だが、中に入ってみて驚いた。ベルトコンベアが縦横無尽に走り、寿司だけでなく、しゃぶしゃぶの材料まで回っている。客は好きな物をとって食べる。こんな大きな回転寿司の店は見たことがない。

でも、カンボジア人に混じって回転寿司をディナーにする勇気がなく、別のレストランで食事をしたのだが、やっぱりカンボジアの寿司を食べればよかった！

翌朝、朝食を食べている時、日本人男性二人が隣のテーブルに座った。二人は沖縄から来ていて、カンボジアで農業経営の会社を六ヶ月前に立ち上げたという。

「どうしてそんなことができるんですか？　もちろんカンボジア人と一緒にやるんでしょう？」と聞いてみた、

「そりゃ、そうです。カンボジア人の協力がなければ何も始まりません」

「でも、信頼のおけるカンボジア人によく出会えましたね」

「ええ、でもそんなに難しいことではないですよ。何しろ、今カンボジアは外国からの投資を奨励していますからね。特に日本人に対しては友好的です。今がチャンスです。今からやればすばらしい農業国になりますよ。以前はそうだったんですから」

「お二人は日本での仕事を辞めてこちらに来られたんですか？」

「いえ、いえ、日本でも農業をやっています。でも一応軌道に乗っているので、こちらでも頑張ってみようとしているんですよ。二人でね。二人だから心強いです」

そんな話をしながらの朝食だった。そのうち二人には迎えが来た。カンボジア人だった。

私の迎えの車が来るまでにはまだ一時間あったので、朝の散歩に出ることにした。まもなくオレンジ色の衣をまとったお坊さんに出会った。お祈りしながら一軒一軒、家や店を回っているのだ。どんな家に行くのか興味があったので、ついていくことにした。前から写真を撮ろうとするのだが、足が速くて追いつくのがやっとだった。

お坊さんは小さな脇道に入り、さらに小さな路地をどんどん進んでいく。私もついていく。私は地元の人たちとは違った服装をしているが、顔がカンボジア人に似ているので、誰にも不審に思われなかったし、話しかけたりもされなかった。

オレンジ色の衣のお坊さんを見失ってしまったが、そこに寺があった。仏教の寺なのかヒンズー教の寺なのかわからないが、寺の門らしき所には二頭の獅子が人間を睨みつけ、本堂の軒下の角にはビルマで見たナッ神のような像があった。寺の境内には掘っ建て小屋を建ててたくさんの人が住んでいた。子供の遊ぶ声や赤ちゃんの泣き声もする。カメラを向けても誰も嫌がらず、撮ってくれと頼みに来るほど人なつっこい。

「あの神様は何の神様ですか?」と、男の人に聞くと、「我々の神様です。我々を守ってくれているんです」という答えが返ってきた。

その像はどうみても仏教のものとは思えないが、彼は自分たちは仏教徒だと言う。仏教のお坊さんが廻って来れば、お布施もするが、自分たちのことは誰も面倒を見てくれないから、我々の神様にすがるほかないということなのか。

彼らが信じている神様はどんな神様なのか。もっと知りたかったが、迎えの車が来る時間になってしまった。偶然に見つけたその寺から早々に立ち去らなければならなかったのは残念だ

路地の奥に小さなお
寺があった

寺の中に入り込んで
生活している人も

寺の前で遊ぶ
子どもたち

お坊さんを敬い
お布施を

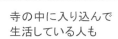

った。

約束の九時半よりすこし早めにタクシーが来て、すぐに一日の観光が始まった。まず王宮。そうだ、カンボジアは「王国」だった。豪華絢爛な王宮の建物は「極貧国」と言われているカンボジアのイメージには似合わないが、元々は木造だったらしい。それを一九一九年にフランスが今のように造りかえたのだそうだ。現在はシハモニ国王と王妃の住居になっているので、建物の中には入れないし、写真もとってはいけない。しかし庭だけは見学できる。

王宮の隣にシルバー・パゴダと呼ばれている建物がある。中には銀で出来ている仏陀をはじめ一六五〇点もの宝物が納められている。ほとんどの仏陀が銀製で、宝石がちりばめられている。中央の仏陀の冠には金が使われ、二〇八六個のダイヤモンドがはめ込まれているという。数ある仏像の中には、エメラルドの仏像もあり、その美しさと高価さがパゴダを有名にしているようだ。カーペットが敷いてあるが、お寺の床はすべて銀製である。これもシルバー・パゴダを有名にしている要因である。一時間ほど見学してシルバー・パゴダを後にした。

入国してからまだ両替していなかった。私が持っていたのはタイのバーツだったので、カンボジアのリールに換えようとしたら、タクシーの運転手が「ドルにした方がいいですよ」と教えてくれた。プノンペンの中心街には中国系の純金の装飾品を売る店がずらっと並んでいるが、そのすべてが両替業も兼営しているようだ。お金はバーツからドルに換えてもらった。ドルはどこでも通用するのだ。

ドルがこれほど使われるようになったのは、カンボジアに国連の軍隊が入ってからである。一九九一年十月から九三年九月二十四日の間、ＵＮＴＡＣが置かれ、カンボジア内戦は収まったが、ＵＮＴＡＣの職員への給料はドルで支払われたので、それからドルが流通するようになり、会社関係はほとんどドルで給料を支払うようになったという。リールが使われるのは、カンボジアの政府関係の人達の給料だけ。そしてリールも簡単にドルに換えられるようだ。

次に、ペン夫人の銅像を見学した。ペン夫人は信心深い女性で、川を流れてきた仏像を拾い、近くの小高い丘に祠を造り、手厚く祀ったという。この言い伝えから、ここをプノンペン（ペン夫人の丘）と言うようになった。

それからトゥル・スレーン博物館を訪ねた。ここは実はかつて監獄だった。ポル・ポト政権が国家の安全確保のためという口実のもとに、自国民を投獄し、拷問にかけ、あげくの果てに殺した監獄の跡なのだ。ここで殺された人たちは子供も含め二万人にものぼるという。この建物は学校だったそうである。ここで学んでいた生徒たちはどんな風に感じたろう。そんな生徒もみな殺されてしまったのだろうか？　拷問に使った道具の数々が展示されている。すぐに殺さず、さんざん拷問したうえで殺す。そのような惨い、サディスティックな本能をポル・ポトはむき出しにしていた。

ポル・ポト時代、人間の屠殺場となったキリング・フィールドは、プノンペンから一五キロ離れているチェンエク村にあった。もとは、果樹園と中国系の人たちの墓地だったそうだ。中国人は村から出されたが拷問は受けなかった。カンボジア人は自分たちの同胞だけを拷問し、

金ピカの王宮　現在も王族が住んでいる

ペン夫人の銅像

トゥル・スレーン博物館の
庭には拷問の道具が

キリング・フィールド記念塔。
外から見える頭蓋骨は不気味

殺したのだ。ここで殺された二万人の頭蓋骨が詰められている塔の中から、うめき声が聞こえてくるようだった。キリング・フィールドはここだけではなく、カンボジア全土に三〇〇ヵ所もあり、殺された人は一〇〇万人とも二〇〇万人ともいわれている。

キリング・フィールドへ向かう途中、観光バスが停車した。畑と小さな家々がぽつぽつとあるだけの所に大きな物置のような建物があった。中には様々な民芸品が展示されている。観光客の土産物用のようだ。朱塗りの皿、盆、小箱などの民芸品は隣にある工場で作られたものだった。そこで働くのは戦傷者だという。長い間戦争状態におかれていたカンボジアでは、爆弾、地雷、枯れ葉剤などの様々な兵器の犠牲者がたくさんいる。彼らは生活の糧を稼ぐことができない。そこでカンボジア政府とＮＧＯが協力してこのような施設を立ち上げたのだ。少しでも生活の糧になればという政策の一つで、観光バスが立ち寄る大切な場所になっている。

このような工場やキリング・フィールド見学がツアーに組み込まれていたのは結局はよかった。カンボジアの通過してきた厳しい現実を直視せざるを得ないからである。この現実は真実なものであるから、我々はどうしても知るべきなのだ。さけて通ってはいけない。

❖夏風や戦後の森を吹き抜けり
❖夕立や骸骨積み上ぐ塔に降り

シェムリアップへ

私の今回のカンボジア訪問の真の目的地はプノンペンではない。一時はベトコンの占領地になって荒れてしまったアンコール・ワットの修復がほぼ終わったと聞いたので、その成果が見たかったのだ。それと一九六七年に訪れた時のイメージがそのまま再現されているかも気になった。そのため、プノンペン滞在は二日間だけにした。

プノンペン中心街のホテルに移ったのは正解だった。アンコール・ワットのあるシェムリアップ行きのバスはそのホテルの近くから出ていた。

翌朝、歩いてバス停に向かった。早くにバス停に着いたのだが、なぜかバスの最後部の席に坐らされた。女性は三人しかいなかったから、そこを女性用の席にしたかったらしい。後ろの席は揺れるので、本当は前の席の方がよかったが、そんなことも言えない。そのかわり、三人ならゆったりと坐れてラッキーと思っていた。ところが、どうしたことか、前の席に坐っていた男性が運転手に言われて後ろの席に移ってきた。

その男性は私の隣に坐った。なんと日本人だった。

「あなたもシェムリアップへ？」

「ええ。でも、その前に立ち寄りたいところがあるんです」

「観光ですか？」

「いいえ、私個人の研究のためです」

「何を研究なさってるんですか？」

「タランチュラです」

「えっ、タランチュラの何の研究ですか？」

現在私が住んでいるアメリカの家の真向かいにイギリス人が住んでいて、タランチュラをペットとして飼っていた。一度見せてもらったことがあるが、ゆうに一〇センチはある大きい蜘蛛で、なぜそんな怖いものを趣味で飼うのかと不思議に思った。バスに揺られながら、この日本人Aさんにタランチュラのことをいろいろ聞いた。彼によれば、カンボジア人はタランチュラを食べるとのこと、珍味なのだそうだ。かなり高値で売買されているので、野山で採集するばかりでなく、養殖する人も現れてきているという。これから彼が訪れようとしている村はそれで有名なのだそうだ。

ポル・ポト政権の頃、すべての民衆は田舎に追いやられ、強制労働を強いられたが、政府から配給された食料以外の物を食べると殺されるというひどい国政だった。人々は痩せ細り、餓死する人もかなり出たそうである。空腹を我慢できない人たちは、夜になると森に入り、虫や蜘蛛を手当たり次第に食べて生き延びたそうである。食料がかなり自由に手に入るようになった今でも、珍味として食べられているのだという。

考えてみれば、私も戦後の食料不足の時、蝗《いなご》を食べた記憶がある。蝗は貴重な食料品になり、蝗採りは通っていた学校あげての大切な行事になっていた。採った蝗を売った代金を学校の経費にあてていたのを思い出した。今の日本でも蝗は珍味である。

それにしても、タランチュラを食べると聞いて仰天したが、カンボジア人はタランチュラばかりでなく、いろいろな虫を食べるそうである。バスの停留所ではお土産物と一緒に虫の食べ物が山と積んで売られ、その中には蝗もあった。その他はどんな虫なのかわからなかったが、すべて珍味として売られているので、値段も安くないようだ。


Aさんはそんな事情を前から知っているのであろう。カンボジア人がどうやって野生のタランチュラを捕まえるか、どんな風に養殖するのか、それを調べに来たのだという。論文にでもまとめるのだろうか。

プノンペンを出てから一時間ほどの小さな村でAさんはバスを降りた。シェムリアップにも行くと言っていたから、もしかしたらまた会えるかもしれない。その時にはもっとくわしくタランチュラのことを聞こうと考えながら別れた。

バスは途中で二五分間のランチタイムをとり、さらに四時間くらい揺られて目的地シェムリアップには三時半頃着いた。到着のアナウンスは何もない。バスが突然止まり、人が降り始めたので、ここが終点なのだとわかった。

バスを降りると、私の名前を書いた紙切れを持って二人の男が立っていた。二人でお出迎えとは何という歓迎ぶりかと感激したが、すぐに二人は商売敵だということがわかった。一人はプノンペンで知り合ったタクシーの運転手の友達。もう一人は泊ったホテルの支配人の知り合い。それから二人の競り合いが始まり、どちらを選ぶかと私に迫ってきた。そんなことを突然言われても、と躊躇したが、約束は約束と、タクシーの運転手の友達にお願いすることにした。

こんなに一人の客をとりあうくらいなら、簡単に宿は見つかるだろうと思うのだが、なかなか見つからない。五軒くらい回っただろうか。二五ドルの予算といったのに、最初に連れていってもらったのが三〇ドル。私はノーと言った。その次のホテルは二五ドルだが一晩しか空きがないというし、二五ドルにしては部屋が暗すぎるし、シャワーだけで浴槽がなかったり、朝食がついていなかったりと、なかなか納得のいくホテルが見つからなかった。

結局、三〇ドルの最初のホテルにしたが、一晩だけしか空きがない。ロシアからの団体客がきているので満室なのだそうだ。先週は中国のお正月だったから、中国人と韓国人の客で一杯だったそうだ。五、六年前からこんな状況らしい。

やっと決まったホテルの名前は「エバーグリーン」。タクシーの運転手の友達の名前はサブーン。チェックインをすませると、その日の予定を組まなければ遅くなると急かされた。ディナー・ショーがあるという。着いてすぐだし予定外だったのだが、熱心に勧めるので十二ドルで予約した。どうせなら前のほうの席を取りたかったが、満席で空いているところしか取れないという。確かに四時を過ぎていた。ショーは観光客相手に毎晩催される。四、五百人も収容できるホールで毎晩満員だという。シェムリアップもずいぶん変わったものだ。

観光化されたディナー・ショーなどあまり興味がなかったが、カンボジアの伝統舞踊などはどこでも見られるわけではないと言われたので、それもそうだと思った。

「前に来た時には、アンコール・ワットを背景にしたショーだったけど……」と聞くと、「今どきそういうのはやっていません」と言われた。

ショーまで時間があったので、フローティング・ビレッジを訪問することにした。シェムリアップの観光コースは決まっているようだ。私の計画の中にはなかったが、ガイドの勧めに従うことにした。フローティング・ビレッジというのは、トンレサップ湖に「浮かんでいる村」である。船に乗っていかなければならないが、最近はかなり観光化されて、ほとんどの観光客は連れていかれるらしい。「ディナー・ショーがあるのに船で行っても大丈夫なの？」と心配して聞いたら、「大丈夫、大丈夫。その時間までには戻って来られますよ」と自信ありげに言う。

船着き場に着くと、待ってましたとばかりに切符を買わされた。三〇ドル。思っていたよりも高いが、考える暇もないまま、あっという間に船の中にいた。乗船客は私一人、ほかにガイド一人、船頭一人が乗っている。団体のツアーではなく、個人のツアーなのだ。選択肢もなく、自然にそうなってしまった。だから三〇ドルなのだ。ガイドは二四歳だという。

「ボクの名はロー。簡単ね！　すぐ覚えられるでしょう？　一人旅？　寂しくない？　でもボクがお世話してあげるから大丈夫」と、いかにも大人っぽい口のききかたをする。そして、自分のことを話し始めた。

自分は五人兄妹の長男なので、弟、妹の世話をしなければならない。小学校しか出ていないけれど、働かなければならないから、学校にも行けない。英語は、観光客から習った……。

自分の話が終わると、私のことを根掘り葉掘り聞き始めた。それが面倒をみるということなのか。それにしても学校にも行かず、観光客に接するだけで、ガイドとして役立つ英語を身につけるなんて、これは一つの才能なのではないかと感心してしまった。会話力も語彙も大学で英語をマスターしたはずの私と同じぐらいのように思われた。私は、その英語のためにどんなに苦労し、どんなにお金を費やしたことか！

フローティング・ビレッジに住んでいるのは、カンボジアのジプシーと言われている人たちで、一時的な竹の家を作る。その家は雨期には湖の水量と共に上にあがってくるので、大体陸地と同じ高さになるが、乾期には陸地からはずっと下がったところで生活をすることになるという。文字通り浮き島の家である。

ロー自身もそこで生まれ、そこで育ったが、父親が働き者で、お金を貯め、今は陸地に土地を買い、そこに住んで仕事をしているという。そんなこともできるのだ。母親が早く亡くなってしまったので、自分が親代わりになって、五人の妹、弟を教育するのが、自分の任務と考えているのだと言った。

訪ねたのは乾期だったので、船は陸地よりかなり低い水面を走っていたが、陸地に色あざや

ほとんどの観光客が乗る観光船

水上生活者のフローティング・ハウス

湖上に浮かぶ水上レストラン

かなテントが張ってあるのが目についた。

「あれは結婚式ですよ」

ローが言った。こうした光景はカンボジアに入ってからたびたび見た。カンボジアでは今結婚ブームなのだと何かで読んだ。ポル・ポト時代に人口の三分の一が殺されたので、生き残った者はなるべく早く結婚して自分の家族を増やそうという本能的な現象なのかもしれない。

「あなたも結婚したい？」と聞くと、

「ボクはまだまだ。家族への責任をはたしてからです」と言う。そして、自分には二四歳の日本人の友達がいて、その友達は毎年カンボジアを訪れてお金を置いていってくれるという。それが嬉しいことなのだという。

船上から湖水に浮かぶ粗末な家を見る以外に何があるのかと思っていたら、

「このフローティング・ビレッジには孤児院があるんですよ。そこにいる子供たちの親は、学校にも行ってないから気候の知識もないので、嵐が来るということも知らないで漁に出るんですよ。そして舟が転覆してそのまま帰って来なくなる、こんな話がしょっちゅうあるんです。それで子供たちは孤児になり、孤児院に送られるんです。孤児院は観光客の寄付でなりたっているんですよ」

そらきた！　と思った。こんなことではないかという予感はしていたが、やっぱりそうだった。

「あなたもいくらかの寄付をしていただけるでしょう？」

そんな時「ノー」と言えるだろうか。

「たくさんの寄付はできないけど……」

「もちろん、できるだけでいいんです。皆さんの少しずつの寄付で孤児院は維持できてるんですから」

このようなフローティング・ビレッジに孤児院まであるなんて誰が想像できるだろうか？

「学校は？」

「あります。でも学校も寄付で、主にカトリックの教会が経営してます。せいぜい小学校まで。後は、陸に上がって学校に行かなければなりません。ということはそれだけの経済力がなければ陸に上がれませんから、それ以上の教育を受けることは難しいんです」

ボートの速度がゆるやかになった。何事か！　と思ったら、

「ここにお店があります。孤児院に行く前にこのお店で何か買ってそれを持っていくんです」

なるほど、それは理屈が通っている。

「何を売っているんですか？」

「お米だの、粉だの、野菜だの、日常生活に必要な物は何でも売ってます」

なるほど、なるほど。

店の前で舟を止め、他の舟づたいに行かなければならない。その店もフローティングなので人の重みでぐらぐらゆれ、安定度ゼロである。

ぐらぐら揺れる舟を渡って店にたどりついた。隅の方に二五キロの大きな米袋や五キロの小

さな袋が積んである。野菜も五、六種類のしおれたものが無造作に並べられている。それだけの店なのだ。

私は、小さな袋のお米と、ちょっとしたお菓子くらいかなと胸算用をしていたのだ、ガイドは、大きな米袋を指して、「こんなのを寄付してもらったら、孤児院の人たちはどんなに喜ぶことか！」と言う。

「それはいくら？」

「たったの五〇ドル」

「たったの五〇ドル？　それは随分高いわね。アメリカだってそんなに高くない！」

「多分、ここまで持ってくるのに手がかかるので高くなるんでしょう。高くないでしょう。それで二五人の孤児が一週間食べられるんですから」

私がそれを買うと決めているみたいだ。仕方がない。買うことにした。それを運んで孤児院に持っていくのであるが、それだけでも大変だろう。もちろん、私はその米袋を持ち上げることもできない。

「大丈夫、大丈夫。運ぶのはこちらがやります」

そう言ったかと思うと、どこからか若い男性が二人現れ、大きな米袋を軽々とかついで船に運んだ。

そこから五分ほど行くと、子供たちの群がっている舟が見えてきた。そこが孤児院なのだろう。また別の男が現れ、米袋を運び出した。子供は乳児から一〇歳ぐらいまで二〇人近くいる。

50キロのお米を持って孤児院へ。重い米袋は運んでくれる

案内人のローさん

世話をしている大人が二、三人見えたが、子供たちは結構楽しそうに、舟から舟を渡り走り、遊んでいた。このようにお米をもって訪れる観光客も多いのだろうか、子供達は慣れたものだ。「並んでちょうだい。記念写真を撮るから」と言うと、すぐに集まってきた。

感謝の言葉を言われて自分の乗ってきた舟に乗り込み、孤児院を去った。ローが新しい、プラスチックに包まれたままのワイシャツを見せて、にっこり笑いながら言った。

「これ、もらったんだ。きっとボクが観光客を時々連れていくから感謝の気持を表したいっていつも何かをくれるんだ」

孤児院の子供たちばかりでなく、ガイドのローにも何らかの報酬があるのだと気付いた。私の懐はちょっとさびしくなったが、何人かのカンボジア人を喜ばせることができたのであるから、これもよしとしなければならないだろう。まんまとプロの資金調達屋にのせられたのかもしれないが、それを承知で乗ったのだから、ま、いいか。

ディナー・ショーにはなんとか間に合ったが、ショーの前に食べるはずのディナー料理はほとんどなくなっていた。しかしメニューを見ると、どんな観光客でも楽しめるような西洋料理が多く、牛肉も鶏肉もふんだんに使われていたので、皆満足そうだった。ここで食べたカンボジア料理はおいしくないとコメントする人は誰もいないだろうと思った。同時に観光客に好印象を与えたいというカンボジア側の努力が痛々しいほどわかった。

ショーは、宮廷舞踊アプサラの踊りのほか、地方の民族舞踊も披露していたから楽しかったが、前に見た優雅、優美な印象とはちょっと違うように思えた。

ポル・ポト政権は、伝統的文化、特に宮廷に伝わる文化を嫌って、舞踊家、音楽家、歌手などを全員殺してしまった。今は、伝統を大切にしようとしているのだが、踊り手も歌い手もいなければ教えられる人もいないので、壁画などに描かれている絵などをヒントにして見よう見まねで再現しようと必死の努力をしている。

❖華やかな夏の舞台に過去忘する
❖親探す孤児の群なす夏の海
❖湖の霧に消えゆく父の船

アンコール・ワットの現実

シェムリアップに来るということは、アンコール遺跡を見に来るということ。それをよく知っているから、観光客の泊っているホテルの回りにはトゥクトゥクやバイク・タクシーがたむろしている。シェムリアップには、ツアー客を運ぶバス以外の公共バスなどないからだ。目的のアンコール遺跡は、町から七キロも離れているので、歩いていくわけにもいかない。自転車は一日一ドルで借りられるので、自転車で廻る若者もいるが、七十四歳の私には無理だ。

一九六六年に来た時には、アンコール・ワットしか見ていない。それだけが観光の対象なのかと思っていたからだ。それは大きな思い違いだった。アンコール・ワットはアンコールという町の中にある寺院の一つでしかないのだということがわかった。

「アンコール」とは都市という意味で、九世紀にクメール人ジャヤヴァルマン二世が当時のインド北部のジャヴァ地域で独立し、その地域一帯を自分たちの国、アンコールと名付けたのがカンボジアの国の始まりとされる。

「アンコール・ワット」は、アンコールという都市（国）の寺院（ワット）という普通名詞で、その呼び名はジャヤヴァルマン二世ではなく、それから三〇〇年以上もたってからの命名である。ジャヤヴァルマン二世も寺院を建てることから建国を始めたが、独立したジャヴァ地域ではヒンズー教を信奉していた。特にヒンズー教の三神の一つである破壊神であるとともに、創造神であるリンガ（男根）を象徴するシバ神を信奉していた。アンコールの国の王もヒンズー教徒であったので、おのずと寺院もシバ神に捧げるためのものとなった。

アンコール・ワット見学といっても、アンコール・ワットはアンコール遺跡の一つでしかないので、主なものだけでも七五以上もある寺院めぐりは徒歩や自転車ではほとんど不可能だ。

「タクシーを見つけておいてあげましたよ」と、朝食が終わるころ、宿のマネジャーらしき人が近寄ってきて言った。前日使っていたタクシーは、その日結婚式に行かなければならないから来られないと言ってきた。彼の友達が結婚するが、その相手は日本人の女性だという。なぜそれを最初から言わないかと少々がっかりしたが腹も立てられない。

ホテルの外に出れば、タクシーもトゥクトゥクもバイクタクシーもたむろしていたが、ホテルのマネジャーが選んでくれたので、これもサービスと素直に従うことにした。大きな違いは、前の運転手は英語が少し話せたが、新しい運転手兼ガイドは全然英語が話せないことだった。マネジャーは、「大丈夫、大丈夫。行くコースは皆同じだから」と言うので受け入れることにした。

アンコールは一九九二年に世界遺産に登録されたが、それはもろもろの石像を含めたアンコール地域全体と、シェムリアップの町も含まれてアンコール公園と呼ばれている地域である。四〇〇平方キロもあるアンコール公園は、とても一日では廻れない。

アンコール・ワットの全景

実に美しい浮き彫り彫刻

ガジュマルが石に襲いかかっているようなタ・プローム

まず観光コースとして最初に訪れるのがアンコール・ワットなのだが、そのアンコール公園の中にはいくつもの寺院、つまりワットが点在している。公園の入り口で入園料を払わなければならないのだが、入園料は取っても地図も何もくれない。タクシーの運転手は英語が全然話せないので、観光客が行く寺院には連れて行ってくれるが、寺院の名前だけで、その他の説明は何もしてくれない。

アンコール・ワットは堀で囲まれ、水面に映るワットの美しさもさりながら、寺院の中に入れば、壁は浮き彫りの彫刻で埋め尽くされている。浮彫りは、カンボジア建国当初、ヒンズー教の影響があった頃の作品なので、ラーマーヤナ物語が彫られている。アンコール・ワットは一一一三年頃から四五年かけて建てられ、当時彫られた壁彫刻は、それから八五〇年もたった今でも輪郭がはっきり見える。ところどころ、かすかに色がついているところもある。十六世紀頃、今から五〇〇年前頃まではすべての色がはっきりしていたらしい。十六世紀まで色がついていたということはそれ以後はその寺院はあまりかえりみられなくなったということで、アユタヤから攻撃を受けた頃であった。その頃からアンコール王家の都市の寺院は見捨てられ始めたのであろう。

誰も説明してくれない一人旅がくやまれた。別のツアーのガイドの説明を聞いていてやっと壁の浮彫りのことが少々わかったと私が感心していると、ガイドが私の目の前にぬっと手の平を広げて出してきた。

「あんたは私のグループの人じゃないでしょう？　はい、一ドル！」

盗み聞きに対する罰金なのだ。自然と聞こえてきたんだから仕方がないでしょうと言いたかったが、たった一ドルで説明が聞けたのだから文句も言えまい。実はそのガイドは声もいいし、英語も上手だし、歴史的な裏話もいろいろ聞かせてくれるので、非常に優秀だった。私個人のガイドに雇いたいくらいだ。

タ・プロームという寺院では、自然の力のすごさに唖然とした。ガジュマル（榕樹）という木が大きくなって、石で造られた建物に這い延び、やがて石をくずしていくのだ。まるで魔物が木に化けて寺院を食いつぶしているようだ。

タクシーの運転手は相変わらず何も言わず、寺院にさしかかると車を停める。私が車を降りると、土産物店の近くのちょっとした茶屋で見学が終るまで待っている。木の椅子に坐ってお茶を飲みながら、客待ちしているドライバー仲間とおしゃべりしながら待つのが楽しいひとときなのかもしれない。

崩壊している建造物がたくさんあるのに気がついた。必ずしも戦争で壊されたわけでもなさそうだった。兵士たちは寺院を兵器や食料の倉庫として使っていたので、石像などを傷つけたかもしれないが、壊すことはしなかったようだ。建物が崩れているのは、クメール人が首都としてのアンコールに住むことをやめて放置したことによって自然に崩れていったという方が正しいかもしれない。クメール人が八〇二年にアンコールという地域を支配し始めてから、一四三二年にアユタヤに敗北するまで、いくつもの寺院をつくり、稲作を主にして繁栄していったが、それから三〇〇年の間に人々も去り、放置されたままだったのだ。

アンコールは独立国としては常に危い運命をたどっていた。サイアン（タイ）、アナマイト（ベトナム）との戦いが頻繁にあり、アンコールの国がどちらかに奪われそうになった一八六三年、当時のアンコールの国王だったノロドム王がフランスに保護を願い出た。そして一八六七年、カンボジア（アンコール）を襲わないという協定をアユタヤ（タイ国）と結んだ。そして、かろうじてカンボジアという国は生き延びることが出来た。当時、林の中に崩れかかった石の寺院がいくつもあるのを目撃したフランス人はさぞ驚いたことだろう。

フランスがアンコールを保護国にする以前からアンコールの荒廃した遺跡をヨーロッパの旅行者が発見し、メディアに伝えていたので、ヨーロッパ人の知るところとなった。そして徐々に関心が高まってきていたので、フランス政府はカンボジア（アンコール）を植民地に定めてからすぐ、一九〇七年、大々的な修復工事を始めた。

私が最初に訪れたのが一九六七年だから、それまでに六〇年もの間修復工事をやっていたことになる。ほとんど主な寺院の修復が終って、観光客にも開放し出した頃であった。

それからも修復工事は終わることなく続けられていたのだが、一九七〇年、フランスは突如工事を中止して引き上げなければならなくなった。カンボジアで内戦が始まり、そこで働く人たちが殺されるかもしれないからだ。

一九七〇年に親米派のロン・ノルによってクーデターが起され、内戦はそれから実に八年間も続いた。特に一九七五年から政権を握ったポル・ポト派は農業国だった頃のカンボジアに戻

アンコール・ワットの修復作業

修復が終わった南門

そうと、全国民を米の生産に従事させた。その政策に反対する者、労働に堪えられない者などを殺害した。その数は四年間で総人口の三分の一に当たる約二〇〇万人ともいわれる。

その酷い政権は一九七九年にベトナム軍に襲撃され、自国民の殺害を繰り返していたポル・ポト派はジャングルに追い立てられた。しかし、カンボジアはベトナムの占領地となり、今度はベトナムからの独立のために戦わなければならなくなった。その上さらに、プノンペン政府と反ベトナム派（ポル・ポト派、シアヌーク派、ソン・サン派）の間に内戦も始まり、一九八〇年代になっても戦いは絶えなかった。

一九九〇年に入って、やっとその紛争を解決しようとヨーロッパの国々も動き出した。そして一九九一年パリ会議が開かれ、カンボジア和平協定が結ばれた。ＵＮＴＡＣ（国連カンボジア暫定統治機構）が設置されることが決まり、内戦も終結することになったのである。そして一九九三年に国連の監視の下で総選挙が行われ、新憲法が公布された。そしてシアヌーク殿下がパリから呼び戻されカンボジア王国が成立した。

しかし、一年もたたないうちにまたもやクーデター。再び内戦が始まり、それは七年間も続いた。現在のような民主政権が成立するのには一九九八年まで待たなければならなかった。それからまだ十七年しかたっていない。私が訪れたのは本当にまだ産まれたばかりの新国家としてのカンボジアだった。

アンコール公園は広大で、散在する寺院のすべてを廻ることはタクシーでも不可能だ。私は一日の最後はアンコール・ワットで日没が見たいと注文を出していたから、あまり途中でぐずぐずもしていられないのであるが、運転手は午後になってから「地雷博物館」と書かれた小さな建物の前で止まった。私はアンコール・ワットの夕日の沈む風景は希望したが、「地雷博物館」に行ってくれとは頼んでいない。車から出て、その博物館の中に足を踏み入れた途端、なぜその運転手がそこに止まったか納得がいった。その博物館の受付に若い美人の日本人の女性がいたのだ。

❖万緑の森に護らるアンコール
❖夕焼けに心ときめく石の寺

ショック！　地雷博物館

タクシーの運転手が車を止めた。そこには林に囲まれた小さな建物があり、「地雷博物館」という看板がかかっていた。建物の横には小さな茶屋があって、運転手はまっすぐそこへ行き、仲間とおしゃべりを始めた。私は、だまってその建物の中に入った。

中に入ると若い日本人女性が迎えてくれた。予想もしていなかったのでびっくりした。日本人観光客のほとんどはバスツアーで来るようだ。一人でやってきた私に彼女は言った。

「お一人でもいいいんですよ。私ここでボランティアでガイドをしています。よろしかったらガイドをさせて下さい」

もちろんお願いすることにした。

「私、アキラさんに真から惚れてしまったんです。だからここでのボランティア・ガイドをやりたくて日本から来ているんです」

アキラさんというから日本人かと思ったが、そうではなく、アキ・ラーというカンボジア人なのだそうだ。この日本人女性は美穂さんという。

この「地雷博物館」は、アキ・ラーさんが自分で掘り起こした地雷を集めて、地雷に関する

地雷博物館には
たくさんの地雷や
砲弾があった

現状を世界の人たちに知ってもらいたくて開いたものだ。アキ・ラーさんの家もこの博物館の一部なのだそうだ。

どうしてこの博物館を作ったのか、写真を使って説明している。

アキ・ラーさんはシェムリアップ郊外で生まれたが、五歳の時、クメール・ルージュの政権になり、両親はポル・ポト軍に連れ去られて殺された。アキ・ラーさんはポル・ポト軍に捕えられて、訓練され、少年兵としてベトナム軍と戦わされた。十三歳になった時、今度はベトナム軍に捕まり捕虜となり、今度はベトナム兵になることを強要され、ポル・ポト軍と戦った。十六歳の時、ベトナム軍が撤退すると、今度はカンボジア軍に入れられ二十歳になるまでポル・ポト軍の残党と戦わされた。五歳から二十歳になるまで、戦うこと以外は何も知らないで育ったという。兵士としてやった主な仕事は地雷を埋めることで、一万個は埋めたそうだ。

二十歳の時に国連軍（ＵＮＴＡＣ）がきて、地雷処理の仕事をはじめたので、その仕事の手伝いをさせられた。そこで地雷処理の方法を学んだ。ＵＮＴＡＣは最新式の機械を使って処理した。一九九七年にＵＮＴＡＣがカンボジアから去った時、アキ・ラーさんは一人でも地雷処理の仕事を続けようと覚悟したが、ＵＮＴＡＣの機械は高価なうえ操作が難しく、資格もとる必要があった。彼は、自分流の処理方法を考え出したそうだ。

これまでに処理した地雷の数は二、三万個になるそうで、それらをまとめて博物館に展示しているのだ。

地雷といっても、中国製、韓国製、ベトナム製、アメリカ製、カンボジア製とさまざまで、そのうえ人間、戦車など爆破対象によって大きさも種類も違う。

カンボジアの人たちは地雷の恐ろしさを知らなかったから、子供が地雷を触ったり、それで遊んだりしているうちに爆発し死んでしまう。あるいは手足をもぎ取られるといった事故が増え続けている。シェムリアップだけでも、二〇〇五年の時点で死傷者は二万七〇〇〇人にものぼる。大人は普通の仕事が出来なくなるし、子供は学校に行けなくなる。アキ・ラーさんは親にかわって子供たちの世話もするようになった。今でもアキ・ラーさんの家には妻と二人の子供のほかに手足をなくした子供が何人も一緒に住んでいる。

地雷博物館はそれほど広くないので、美穂さんの説明ですぐに見終わってしまった。

「もしかしたらアキ・ラーさんに会えるかもしれませんよ。ちょっと出かけただけですから」と言っていたが、私のいる間にアキ・ラーさんは戻ってこなかった。その代りに、アメリカ人夫婦に出会った。オレゴン州出身で、ご主人の退職後、この博物館でボランティアとして働くためにアメリカの家を売り払ってやってきたそうだ。博物館に住み込みで働いているのだという。奇特な人もいるものだと感心した。

「私にできることはありますか?」と美穂さんに聞くと、

「博物館にある売場でお土産をたくさん買って下さい。それが博物館の経営の助けになります。この博物館はすべて寄付で成り立っているのです」

私はお土産品をたくさん買った。アキ・ラーさんが書いた本『アキ・ラーの地雷博物館とこどもたち』(三省堂)を買った。私は知らなかったが、日本では随分知られているらしい。

博物館の外に出ると、運転手がそわそわしながら待っていた。そうだ、私が、アンコール・ワットで夕日が見たいと言っていたからなのだ。運転手は、「もう遅いですよ」とぶっきらぼうだ。「そんなことないわよ。とにかく急いで行ってちょうだい」と急がせたが、太陽がだんだん地平線に近づいているのがわかる。

「ここで見て下さい」と、運転手がある寺院の前で車を止めた。私は不服だったが、「地雷博物館」で時間を取り過ぎた私が悪いのだから、あまり文句も言えない。黙って石段を上った。石段は急で、一段一段の高さがまちまちなのだ。よけい疲れるような気がした。上りきってみて驚いた。そこには多勢の人が集まっていた。皆同じ思いで太陽を見つめているようだ。よく見ると日本人の多いこと！　半分ぐらいは日本人だったかもしれない。

やがて太陽は森の中に沈んでいった。私が見たかったのはワットに沈む光景だったが、森に沈む太陽を見て背筋がぞくっとした。太陽が沈んでいった真っ暗な森のなかには地雷がまだまだ埋まっているという話をきいたばかりだったからだ。

❖ハイビスカス地雷と破壊に耐えて咲き

❖華やかな蝶の飛び交ふ地雷森

夕日を見るために石段を上る

森の中に沈んでいく夕日

クッキング・クラスで仇討

出発前、アメリカ人の友達がこう言った。

「私、プノンペンに四年間住んでいたけど、カンボジアの料理って何も特徴がないのよね。東南アジアはどこの国も食べ物がおいしいけど、カンボジアだけはいただけないわねえ。カンボジアの食べ物は最低ね」

私の住まいのあるワシントンには、カンボジア・レストランは一つもない。だから何とも言えないが、これからカンボジアへ行くという私に向かって最低とはひどいと思った。

カンボジアの料理はカンボジアに来て初めて食べた。私は美味しいと思った。確かにタイ料理、ビルマ料理、中国料理とも全然違う。何がどう違うかと聞かれてもうまく答えられない。そこで、カンボジアの料理はどんなものなのかを知るために料理教室を受講することにした。

クッキング・クラス（料理教室）は、材料をマーケットで買うことから始めて、自分たちが料理したものをランチとして食べる。一日がかりなのである。

教室が開かれるのは「リバー・ガーデン・ホテル」。ホテルのそばには本当に川が流れている。そのホテルは高層ビルのホテルではなく、キャビンが木々の間に点在していて、石畳でキ

クッキング・クラスで

マーケットの店先

左点前がバナナの花のつぼみ

ャビンがつながれている。キャビンに行く時にはまるで森の中に入って行くような気分になるように工夫されている。木と木の間には熱帯植物のような色鮮やかな花が咲いている。貧しいカンボジア人には想像もつかないお伽《とぎ》の世界の風景だ。

我々が学ぶメニューは二つ。バナナの花のサラダとアモック。アモックというのはスープ料理と訳されるそうで、スープの材料は鶏肉でも魚でも豆腐でもいいという。その日は鶏肉を使った。クッキング・クラス用のクック・ブックにある最初の二品である。五種類の主食と、二種類のソースと、二種類の飲み物の作り方が書いてある小冊子で、受講者だけに配られる教材である。

私は鶏肉の料理にはあまり興味がなかったが、バナナの花のサラダには大いに興味があり、ぜひ習って帰りたいと思った。バナナの花のサラダなど初耳だ。花も植物園以外で見たことがない。しかし、材料を買いにマーケットに行くと、バナナの花の蕾《つぼみ》が山と積んであったのでびっくりした。その蕾の一つ一つの大きいこと！　幅七、八センチ、長さも二〇センチはゆうにある。

料理の材料はバナナの花の蕾が珍しいだけで、あとはバジルの葉、ミント、コリアンダー、ピーナッツ、干しえびだけだ。鶏肉を加えることもあるそうだが、ベジタリアンの人もいたので、鶏肉を入れないで作った。このサラダのポイントはソースである。まず刻んだガーリック、刻んだシャロット、レモングラス、フィッシュソース、ライムジュース、唐辛子を水でとく。そしてパーム・シュガーを加える。パーム・シュガーはシュロの実から作った砂糖で、これを入れると甘辛くなる。

　バナナの花のサラダといっても、バナナの花そのものを使うのではなく、蕾の中のバナナの赤ちゃんを包んでいる白くて柔らかい部分だけをつかうのである。花びらを一枚一枚破かないように剥がすのは大変な技である。使える部分はごくわずかしかない。また、ソースづくりもミキサーなどを使わず、とろとろになるまで石のすりこぎでこねなければならない。この作業を参加者全員が代りばんこでやった。これを台所で一人でやるのは大変だろう。

　参加者はイギリスからの新婚夫婦、オーストラリアからの仲良し女性二人、そして私の五人だった。イギリスからの新婚夫婦はその「リバー・ガーデン・ホテル」に泊っているという。オーストラリアからの若い二人は料理に興味があるようなタイプには見えないのだが、とにかく熱心に学んでいた。出来あがった料理を皆でわいわいしゃべりながら食べるのは実に楽しかった。

　アメリカに帰ってから、日本人の友達にバナナの花のサラダをごちそうしてあげようと思った。ただバナナの花が見つからないのではと諦めていたのだが、中国系のスーパーにあった。さっそく買ってきて友達にごちそうした。誰もが美味しいと言ってくれた。「カンボジアの料理は東南アジアでは最低」と言ったアメリカ人の友達に言ってあげたい。それは違うわよと。

❖最珍味バナナの花のサラダかな
❖咲く前も後も多才なるバナナ

マッサージとサーカス

アンコール公園がどんなにすばらしくても閉園は五時。夜はシェムリアップで過ごさなければならない。

ホテルで夜、本を読もうとしても、薄暗くて読めない。無理して読もうとすると目が痛くなってくる。しかたなく外に出ることにした。ホテルを出て一〇歩も歩かないところに「按摩サービス」という看板が出ていた。それも日本語で！　こんなところに日本の按摩《あんま》がいるんだろうか。看板の矢印を見ると、建物と建物の間の路地を通っていくらしい。その路地は狭くはないが、実に汚ない。一度も掃除したことがないのではと思うほどたくさんのゴミが積み上がっている。まるで洪水の後のようだ。

電気もない薄暗い路地に男性が一人と、椅子に坐って子供をあやしている太った女性がいた。そばに若い女の子が立っていた。太った女性の娘だろうか。通りかかった私に太っちょのおばさんが、「按摩？」と聞いてきた。思わず「そうだ」というしぐさをしてしまったのだが、おばさんはすかさず、あやしていた子供を隣の若い女の子に渡して、「こっちへついてこい」と手招きしたかと思うと、薄暗い路地をスタスタと歩き出し、建物の中に入った。

私の後からはさっきのおじさんがついてくる。「靴をぬいで！」と言われるまま部屋に上がった。このおじさんは按摩師（マッサージ師）だったのだ。日本にいる時も按摩などしてもらったことがない私が、なぜカンボジアでそんな気になったのか、自分でもおかしな気持ちだったが、旅の疲れも溜まっていることだし、お願いしてみよう。

腹這いになったり、横向きにされたりと忙しかったが、盲目のこのおじさんのマッサージは実に上手だった。体が軽くなったようで大満足。

それにしても、なんで看板が日本語なのだろうか。日本人が教えたのかもしれないが、日本でも今はほとんど使われていない言葉なので驚いた。カンボジアで「按摩」と言ってもどんな客がくるのだろう？　カンボジアで通用する言葉なのだろうか？　アメリカ人やヨーロッパ人にはまず理解できないから来ないだろう。日本人の客だけで商売がなりたっているのかなどといらぬ心配までしてしまった。もっと詳しく話を聞いておけばよかった。

カンボジア・サーカスが夜の八時から始まるという。カンボジア・サーカスなんて聞いたこともなかったが、宮廷舞踊は観光客用の劇場のディナー・ショーで観たし、ほかに時間つぶしも思いつかなかったので、見に行くことにした。

地雷博物館でお世話になった美穂さんを誘うことにした。美穂さんは、日本で短期のアルバイトをしてお金が貯まると地雷博物館にやってきてボランティアとして働いている。「今時の若い日本人は……」などとよく言われるが、美穂さんのような日本人もいるのだ。美穂さんも二年間、日本とカンボジアの往復を繰り返してきたが、サーカスは見たことがないという。

サーカスといっても、動物が活躍する華々しいサーカスではない。仮設テントだし、道具なども手作りのものばかりである。しかし演技はすごかった。身体はやわらかいし、動きはきびきびしている。サーカスの団員は子供か若い青年が多い。戦争と戦争の狭間に生まれ、戦争で親をなくし、生きるために物乞いをしなければならなかった子供たちだ。道端で物乞いをしているところを保護され、恵まれない子供たちのための学校に収容されたのだが、それがサーカス団に発展していったのだという。

どんな訓練をしたのかわからないが、とにかく身体のしなやかさ、芸の巧みさに驚かされた。机とか椅子とかノートとか、身の回りにある物を使って曲芸のような演技を見せ、二時間近く客を魅了するのだからたいしたものだ。

このサーカス団は海外にも知られ、アメリカ、ヨーロッパに遠征したこともあるという。力強い元気な子供たちを見ていると、人間は極限に立たされると何でも出来るようになるのだと思う。そしてそれは希望にもつながる。初めて見る美穂さんも、「素晴らしいわー」「素敵だわー」を繰り返していた。カンボジアでの意外な発見であった。

❖サーカスに打ち込む若さスリル喚び
❖過去忘れ若さみなぎる夏芝居

サーカスのテント

若い子たちの巧みな演技に
魅了された

カンボジアの外国人さまざま

カンボジア・サーカスを観た後、美穂さんと一緒にディナーを食べることにした。シェムリアップには高級レストランから大衆向きのレストラン、屋台まで何でもある。美穂さんに任せることにした。彼女は中ぐらいの値段のカンボジア・レストランを選んだ。

その夜食べたのは魚料理だったが、とても美味しかった。おしゃべりに夢中だったのと、そのレストランが暗かったせいか、美穂さんの写真を一枚も撮らなかったのは今でも残念で仕方がない。彼女の話が面白かったので忘れてしまったのだ。

「日本からこんなに遠く離れて寂しいでしょう？」

「いいえ、ここにはたくさん日本人がいますから寂しくなんてないですよ。食べ物も美味しいし、全然困ることなんてないわ」

「若い女性とか若い男性はいるの？　私はまだ会ってないけど」

そういえば、シェムリアップに来た時、最初にお世話になったタクシーの運転手の友達の結婚相手が日本人女性だと言っていた。

「若い日本人は旅行者以外はいないかもね。でもお年寄りのお友達がたくさんいます」

「お年寄りの友達？」

「ええ、六〇人くらいかなー」

美穂さんはちょっとおどけて言う。

「ここにはお年寄りの日本人が多いの。特に男性。お年寄りっていっても、退職したのはいいけど、新しい仕事が見つからないとか、家族に邪魔もの扱いされるとか、そういう男性。ここは生活費は安いし、カンボジア人は特に日本人には優しいから、余生をここで過したいっていう男性が増えているみたいよ」

考えてみれば、戦時中の一九四一年から四五年まで日本がカンボジアを支配していた時があった。その時、半年間だけカンボジアには独立が与えられていたようだが、日本人はその当時カンボジアで何をしていたのか、終戦後日本人はどうなったのか、そのまま残った人はどれくらいいたのか……。戦後生まれの美穂さんはそんなことはわからないだろうが、一九三九年生まれの私にもよくわからない。

「そんな日本人は皆お金持ち？」

「いいえ、私が知っている日本人で裕福な人は誰もいないようよ。退職して仕事は全然してないんだから」

「じゃ、どんな生活をしているの？」

「皆で助け合って生活してるわよ。皆いい人たちなの。一つの家に一緒に住んでいるのよ。私が行くととても親切にしてくれるのよ。ボーイフレンドがたくさんいるみたい」

「だからここに毎年帰ってくるの？」

「それもあるかもね。でも他の国にもボランティアで行きたいなっていう気持もあるのよ」

美穂さんのそんな自由さがうらやましかった。


私の泊まっていたホテルは朝食付きだから、朝食の時さまざまな人に会う。ある朝、真向かいに坐っていた老紳士が話しかけてきた。人懐っこくて素晴らしい英語を話す。顔つきはカンボジア人のようだが、カンボジア・アメリカ人とのこと。

「今はカンボジアに住んでいるけれど、ポル・ポト政権の時に両親は殺され、自分は十五歳だったので、田舎の方にやられ、十八歳まで強制労働をさせられました。一九七九年にベトナムがカンボジアを解放してくれた時、チャンスだと思いましたね。それですぐ収容所を脱出してタイの国境線にあった難民キャンプに逃げ込み、そこに六ヵ月いて、それからアメリカに渡りました。ミネソタ州で養子にしてくれるという家族と出会い、初めて高校に通い、大学まで出してもらったんです。大学卒業後ソーシャルワーカーの仕事をしていましたが、今は退職してカンボジアに戻ってきたというわけです。アメリカの退職金と年金があればゆうゆう生活できますからね。カンボジアに戻って結婚して今は十歳才の娘がいます。何の不自由もない幸せな暮らしをしています。

私を養子に迎えてくれたご夫婦はその後離婚してしまいましたが、お父さんがカンボジアで一緒に住みたいというので、今は私と一緒に住んでいるんですよ。今日はそのお父さんと二人で、カンボジアとタイの国境にある有名なお寺にお参りにいくのです」
そんなアメリカ人もいるのだと考えさせられた。

プノンペンで最初に泊まったホテルにもたったひとついいところがあった。そのホテルが日本人のたまり場のようになっていることだった。そこでカンボジアで農業に従事しようという沖縄からの日本人男性二人に出会った。そして、ダイニングルームの隅には日本語の本が山と積んであった。娯楽本だけでなく、カンボジアに関する本もかなりあり、「どうぞご自由にお取り下さい」と日本語で書いてあった。日本人はよっぽど本好きなんだなあと感激してしまった。私が部屋に持ち帰った本の中に、『地雷処理という仕事―カンボジアの村の復興記』という題の本があった。高山良二さんという人の体験談だった。

この本をシェムリアップのホテルの薄暗い電燈の下で一気に読んだ。退職後、カンボジア北部のタサエンという小さな村に七年間も住み着いて、地雷撤去や不発弾を処理する一方、井戸を掘ったり、学校を建てたりと人々のために仕事をしている姿がよく伝わってくる本だった。

カンボジア政府の依頼により、カンボジアの法制度の整備支援をＪＩＣＡが担ってやっている。ポル・ポト時代の一九七五年から七九年の四年の間にほとんどの裁判官、検察官、弁護士が殺害され、法律などもすべて廃棄されてしまったので、再び独立国として国を運営していこうとした時、法的には無政府状態だったのだ。民法や民事訴訟法などの基本法典を整備し、それらを運営する裁判官、弁護士などの育成も兼ねているらしいが、日本人にはクメール語がわからず、クメール人には日本語がわからず、すべて通訳を間に入れての仕事なので大変らしい。この仕事は一九九一年に始まったがまだ終っていないという。

それにしても、法があまり整っていない国柄だからなのか、カンボジアの公務員や政治家などの頽廃の度合いがかなり高いと聞く。ちなみに、トランスペアレンシー・インターナショナルが公開している腐敗認識指数（Corruption Perceptions Index 2014）によると、調査に参加した一七五ヵ国中、カンボジアは一五六位となっている。日本は十五位だそうである。各分野での腐敗が多い中で、心が痛むのは人身売買である。それも十五歳以下の児童の人身売買が多く、山岳地方では、母親が自分の娘を売るというケースが後をたたないそうである。

シェムリアップに住み、日本人観光客のガイドをしているある男性のブログを見ると、日本人の中にも麻薬、人身売買、売春などのような悪徳商売に手を出す人もいるそうである。そして今現在、児童買春の罪で刑務所に入っている日本人男性が一人いるということである。

カンボジアはまだ新しい国なので、問題が山積しているようだ。美穂さん、沖縄からの農業家二人などのように、夢を持って輝く未来を想い描けるといい。カンボジアの発展、平和を夢見つつ私は旅を終わらせた。

❖こほろぎに故郷想ふ異国の夜

❖来年も約束守れ天の川

躍動するベトナム

ホーチミン市　幻の自由と独立

カンボジアとベトナムは隣り合わせの国だし、カンボジアの首都プノンペンからベトナムの一番大きな都市ホーチミンへは距離的には近い。しかし陸路の越境は非常に難しい。十七ドル出せばバスで行けないことはないが、十六時間もかかるという。飛行機ならたった一時間で一三五ドル。やはり文明の利器が便利。

飛行機に乗るために、朝五時に起き、荷造りして出発。十一時ホーチミン到着。無事税関を通って外に出たが、案内所も見当たらず、どこで宿を探したらいいのかわからない。「インフォ」と書いた英語の看板が目についたので入ってみたが、親切に答えてくれない。「ホテルは？」と聞くと、「五〇ドル！」と言う。

「それは高い！　二五ドルぐらすのところをさがしているのよ」と言うと、「そんなに安いのホーチミンの町中にはないよ、せいぜいこの辺でさがすんだね」とそっけない。　あきらめて、あっちへふらふら、こっちへふらふらと歩いていると、「バス」という英語が目に入った。そうだ、バスでホーチミンの中心部へ行けば、ホテルなんかすぐ見つかるだろうと思い、バスの乗り場を探すことにした。

バスの乗り場を探すにも、私はベトナム語を話せない。「バスの停留所は?」という簡単なことも聞けないのだ。うろうろしている私がホテル予約なしの外国人だとすぐわかったのだろう。タクシーの運転手が声をかけてきた。

「ホテルをさがしているんですか?」

予算は二五ドルと言おうとする間もなく、その男性は、「オーケー、オーケー」と、一切承知したかのように言う。タクシー代を交渉して、すぐそのタクシーの客になった。

運転手は英語がまあまあ話せる。ホーチミンに四〇年くらいいて、二〇年ほどタクシーの運転手をしているという。とりとめのない会話をしているうちに、タクシーはあるホテルの前で止まった。三軒のホテルが並んでいる。真ん中のホテルに入れというので、その通りにした。美人の女性が受付にいた。英語も話せる。部屋を見せてもらったが、明るくて、風呂もある。これで二五ドルというのだから大満足だ。

運転手は、「今夜と明日の計画を立てるのを手伝ってあげましょう」という。英語が話せるのでまかせることにした。その夜は、ベトナム水上人形劇を見て劇場裏の建物でビュッフェの夕食。人形劇は面白かったし、食事も美味しかった。翌日はホーチミン市内観光ツアーがいいというので、そうすることにした。

翌日、朝の七時半に迎えが来た。前日のタクシーの運転手の友達だという男性がスクーターで来たのでびっくりした。まさかスクーターで市内見物をするの?　スクーターには何十年も前に一度だけ乗せてもらったことがあったが、恐かった。

「カメラは頭からかけて、バッグは前で持って、両手でボクの腰につかまって」と、てきぱき指示する。これから私をトラベル・エージェントに連れて行って、他のメンバーと一緒にツアーをするそうだ。

早々と迎えにきたのに、ツアーのバスはまだ来ていなかった。バスが来るまでスクーターのドライバーは時間つぶしに私の相手をしてくれた。彼はニューエン・コンテュアンと自己紹介した。英語がとても上手だった。

「どうしてそんなに上手なの？」と聞くと、

「実は、私はアメリカの軍隊に入って、というよりは十八歳になった時に無理矢理入れられて、それから四年間、アメリカ人と一緒に北と戦ったんですよ。一年間の訓練の後、鉄砲を持たせられて。アメリカ人と一緒にいたんで英語も自然に覚えたんです」

確かに、彼の英語はアメリカ英語でベトナム人特有のアクセントではない。

「アメリカが撤退した後どうしたの？」

アメリカがサイゴンから撤退した時の混乱は　何度もニュースで見たし、映画にもなった。それを経験したというベトナム人に会ったら、その時のことを聞かないわけにはいかない。

「アメリカは、自分たちのことでいっぱいで、一緒に戦ったベトナム人のことは全然構ってくれなかったんです。私らはそれまで着ていた軍服を脱がされて、『さあ、家に帰ってもいいよ、自由になったんだよ』と言われても、洋服一枚もないんだから、パンツ一枚で放り出されたも

水上人形劇の人形と
音楽隊

屋台でくつろぐ人々

ニューエンのスクーターに乗せてもらう

同然でしたよ。だから裸で家に戻りました」

「まあ。それからすぐ普通の生活に戻れたんですか？」

「とんでもない！　アメリカ軍で働いていたということがわかると、逮捕されて刑務所に入れられましたよ。四年間も。刑務所を出てからも、戦うことしか知らなかったから、何の仕事もできなくて、結局トラベルガイドになったんですよ」

「ガイドになれてよかったわね」

「それでも問題はたくさんありましたよ。何しろ、あの頃はアメリカ人はベトナムを観光することは許されていませんでしたからね。　だから我々が計画するツアーにもアメリカ人は入れてはいけなかったんですよ。私は、差別するのはいけないと思って、隠れてアメリカ人でもツアーに参加させていたんです。でもやっぱり捕りましてね。二日間、調べられました。アメリカのＣＩＡとの関わりがないか調べるんですね。結局、関係ないとわかって出してもらえましたが、私はそれでもその後何度も監獄にぶちこまれました。アメリカ人の友達はたくさんいましたけど、しばらくの間は大変でした」

「アメリカ人の友達がたくさんいたのなら、どうしてアメリカに行かなかったんですか？　あの頃なら簡単に受け入れてもらえたでしょう？」

「それはそうですけど、アメリカに行ってアメリカ人になるという選択は出来ませんでしたね。私はベトナム人です。ベトナムが好きだし、ベトナムから離れることは考えられませんでした」

「今、おいくつですか？」
「もう六三歳になりましたよ。でもまだこの仕事を辞めようとは思いません。病気がちな母がいますからね。八七歳です。心臓が弱いので大変なんですが、政府は面倒などみてくれませんからね。私のようにアメリカの軍隊で働いていたことがわかれば絶対に助けてくれません。全部自分持ちです。ただのものは何もありません。学校もです。子供は四人いますが、一人も大学には行っていません。学費が高くて行かせられませんでした」

八時半頃、やっと迎えのバスがきた。ニューエンとは夜にまた会う約束をして、バスに乗り込んだ。

市内ツアーの最初はマーケット。最初に連れて行くのは、ベトナム人が誇りに思っているからなのだろうか。そのマーケットにはストーリーがあった。ある中国人がベトナムにきて、くず拾いから始めて、コメの商売をするようになってお金を儲けた。ほかの人も自分と同じように儲けられるようにと、このマーケットを開いた。しかし彼は一年後に亡くなってしまった。皆は悲しんで、彼のように商売で成功するようにと、マーケットの真ん中に大きなお墓を作った。その墓は、参拝者も、花や線香の供物もとぎれることがない。

次に、地域を守ってくれた女神を祀っているティエンホ寺、中国人街、統一会堂（旧大統領官邸）、サイゴン大教会（聖母マリア教会）、中央郵便局、戦争証跡博物館などを駆け巡った。

ツアーガイドの青年は、ベトナム語のほか、英語、フランス語、ドイツ語、カンボジア語が

ベンタイン市場をはじめた中国人の墓

ベンタイン市場

ティエンホ寺

統一会堂(旧大統領官邸)

話せるという。

「どうしてカンボジア語なの？」と聞いた。

「ボクの田舎はカンボジアとの国境に近いところで、カンボジアと商売をしてるから自然に覚えるんだ」

「お父さんは？」と聞いたら、

「ずっと前に亡くなりました。ポル・ポトはベトナムにも侵入してきて、ベトナム人もたくさん殺されました。そこにもキリング・フィールドがありますよ。ポル・ポトが来るという噂を聞いたので、ボクの親は遠くに逃げたんです。ボクはそこで生まれたから今生きてるんですよ」


ポル・ポトの爪痕はまだまだ残っているようだ。


私は戦争証跡博物館でツアーを離れ、一人でホテルに帰って来た。夜、例のおじさんニューエンとデートの約束をしていたからだ。彼は約束の六時半きっかりに来た。

「どうしますか？　もし恐くなかったら、スクーターで町をとばしますか？」

「恐いです！」

「じゃあ、近くのレストランに行きましょう」

とても美味しいレストランを紹介してもらい、私一人では注文も出来なかったようなメニューを選んでくれた。彼も一緒に食べるものと思ったが、自分は飲み物だけでよいと言う。

「なんでアメリカに行かないの？」と、また聞いてしまった。

「アメリカ人は好きだけど、アメリカ政府は嫌いです。それにアメリカ人の生活様式が性にあわない。約束しないと会えないとか、誰にでも気楽に話しかけることができないから。これは悲しいことですよ」

「この町には高級品を売っているお店もたくさんあるけど、お金持ちってどんな人なの？」

「軍関係の人かお坊さんかな。考えてもごらんなさい。給料は安い。普通の人はそれでは生活が成り立たない。だから賄賂のような特別収入がなければ何もできないんですよ。とくに北からのベトナム人が多いですね。軍人も甘い汁をすっているかな。南にいた金持ちの屋敷はすべて略奪され、主人は牢屋に入れられ、家族は難民になってしまったんですよ」

「共産国なのに、なんで賄賂が横行するの？」

「結局、お金がないからですよ。役人は賄賂をとってようやくやっていけるんです。今はそれほどでもありませんが、昔はビザをもらうだけでも賄賂が必要だったんですよ」

「今一番必要なもの、欲しいものはなに？」

「自由！」と、彼はすかさず答えた。

「どんな自由？　今は自由はないの？」

「ないですよ。ベトナムは今は完全に中国に支配されている。だから、最近ベトナムのものだった二つの島がとられてしまいましたよ」

「えっ？　政府は何も言わないの？　」

中央郵便局

戦争証跡博物館

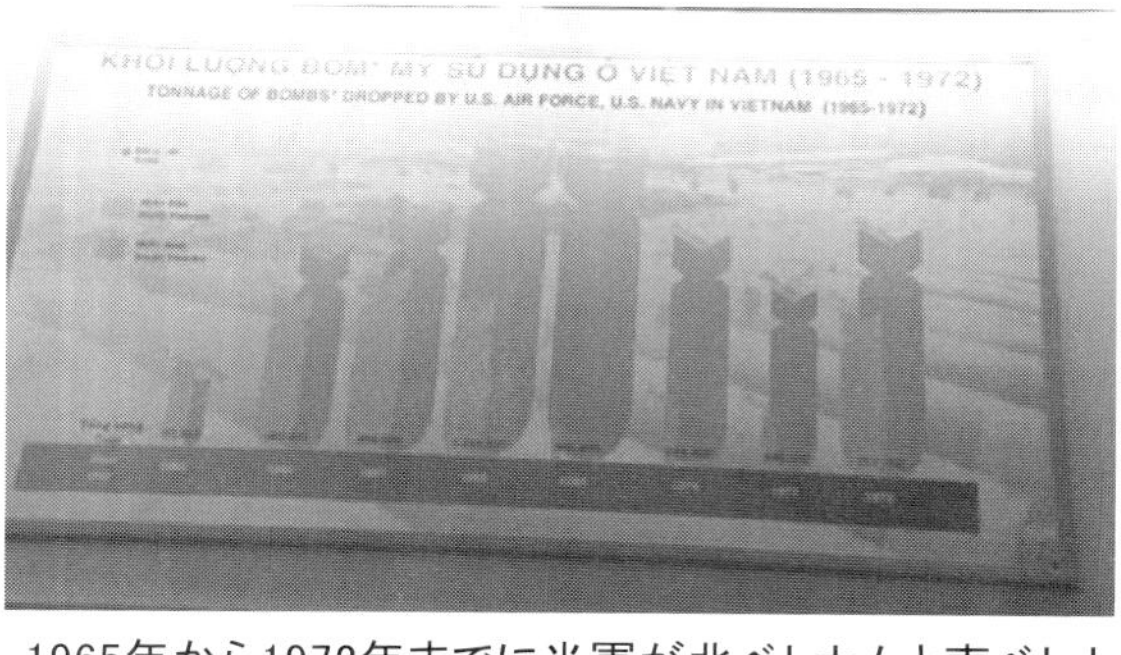

1965年から1972年までに米軍が北ベトナムと南ベトナムに落とした爆弾の量を示したグラフ

「政府は中国の言いなりですからね。中国に反対なんてできないんでしょう。私だって、こんなことをベトナム人の中で話すことはできませんよ。すぐ捕まってしまいますから。あなたが外国人だから話せるんですすよ」

「それが自由がないということなのですか？」

「そのとおりです」

ホーチミンの有名な言葉がある。

「独立と自由ほど尊いものはない」

この言葉をかかげてベトナム人を勇気づけ勝利に導いたのだ。ニューエンは南の人だけれど、北の人ホーチミンの信奉者なのかもしれない。

❖バイクにて異国の夏の風をきる
❖コーヒーとパンで語ろふ暑い夏

クチ・トンネルの後遺症

ホーチミンまで来て、クチ・トンネルを見ないで帰るのはベトナムに来たことにはならないとニューエンが言う。

ホーチミンの西北七〇キロのところにあるこのトンネルは、ベトナム戦争時、ベトコン（南ベトナム民族解放戦線）の拠点となったところで、ここでの抵抗がベトナム勝利の大きな要因とされている象徴的な場所だ。

ニューエンが朝早くにスクーターで迎えに来た。昨日より慣れて、自力でよじ上れた。

途中、交通事故の現場を見た。信じられないほど多くのオートバイやスクーターが走り回っているのを見て、いつか事故は起きるだろうと思っていたのだが、やはり……。二人の若い女の子だったが、サイドミラーかなにかが飛び散っただけでたいした怪我はなかったようだ。

ツアーバスは八時半出発だったので、時間の余裕があった。コーヒーを飲みながらニューエンにいろいろな話を聞かせてもらった。彼の給料は四〇〇ドル。二〇〇ドルを家賃に、残りの二〇〇ドルを生活費にしてやっと暮しているという。でも普通の若い人の平均給料が二〇〇ドルだから生活はもっと大変である。

彼のお母さんはもともと教師で、ベトナム戦争が終わってからも教師として働いたが、年金は出ないという。こういう不幸な人たちがたくさんいるという。政府からの援助は一ヵ月一〇ドル。だから病院にも連れて行けないし、薬も買えない。

政府への不満はいっぱいあるが、反対のデモは今の情勢ではとても考えられないし、まずできない。それよりも心配なのは、中国に乗っ取られるのではないかということ。最近も二つの島をとられたし……。それに反対すると牢屋にぶち込まれる。言論の自由はないし、早く自由な時代がきてほしい。

ニューエンはそんなことを話したが、彼は毎日、ガイドとして会う人に、そんな不安、不満を語ることで発散しているのかもしれない。

クチ・トンネルは、クチ村の人たちがアメリカの爆弾から逃れようと簡単な道具だけで掘ったものなのだ。何の変哲もない雑木林の下に掘られ、その長さは二五〇キロにも及んだという。トンネルの入口は、村から三〇キロも離れた所にあったので、アメリカ軍も見つけるのが難しかったようだ。アメリカ軍は大量の枯れ葉剤を投下して攻めたが難攻不落だった。それでもアメリカ軍が攻撃を繰り返したのは、ここにベトコンの拠点が置かれていたからだ。

村人たちはトンネルの中での生活を強いられたのだが、長い人は十二年もの間、全く外に出なかったという。それだけ長く外に出ないと、急に外に出た時、目が見えなくなったり皮膚がただれたりしてしまうそうだ。

路端のカフェでく
つろぐ人々

路上に店を開いてマーケット

あふれるほどのバイク。歩行者はここを渡らなければならない

クチ・トンネルの模型

トンネルの入口

トンネルに出入りして
いた村人の服装

なによりも恐ろしいのは、アメリカ軍がばらまいた爆弾や枯れ葉剤である、エージェント・オレンジという化学薬品を空から広範囲に投下したのだ。ジャングルは化学薬品で焼かれてしまった。撒かれた化学薬品のせいで、木はなかなか再生しない。人が住んでいる区域全体に撒かれたことの影響が今になっても続いている。身体に障害をもって生まれてきた子供は普通の仕事が出来ないので、政府かＮＧＯがベトナムの伝統的な民芸品の作り方を教え、土産品として観光客に売ろうとしている。カンボジアと同じなので、それ以外にベトナムの人たちを助ける方法が見つからないのかと、もどかしく感じた。

アメリカ軍兵士の中にも枯れ葉による被害者は多数いる。彼等はアメリカ政府が面倒をみているが、ベトナム側には何の援助もないという。一部のベトナム人は化学薬品会社を相手取って裁判を起こしたが、障害が薬品によるものとは認定されなかった。

トンネルは入口からほんの数十メートルだけが見学用に公開されている。そこにトンネルの模型やさまざまな展示パネルがあった。

ガイドの話では、今の若者にはこうした事実が十分伝えられておらず、関心も薄くなっているという。

❖焼け後の林にのぼる夏の月

❖夏がすみトンネル隠し過去隠し

キムサの故郷を訪ねて

キムサは私のベトナム人の友人である。知り合ったのは二〇年以上も前である。

彼女のアパートはワシントンDCの中心部の便利な所にあった。建物の外に出ればバスはひっきりなしに走っているし、地下鉄の駅へも五分もかからないで行ける。レストランもたくさん並んでいるし、ホワイトハウスも歩いて三〇分もかからないだろう。

彼女を紹介してくれたのがフイリピン人のアイシスだ。彼女はキムサの真向かいの部屋に住んでいた。その頃キムサは五〇歳前だったと思う。彼女の部屋は角部屋で、南側も西側もオープンの、明るいワンベッドルームだった。

「このアパートは自分で働いて買ったのよ」と、自慢していたのを思い出す。

アイシスは、世界銀行で働いていた。キムサよりは若かったが、アイシスの部屋は北向きで、うす暗く、かなり狭そうだ。でも、私が行くと、「どうぞ、どうぞ、中へ入って……」と誘ってくれる。この部屋は借りているのだと言った。キムサのように家が買えないのは、母国のフイリピンにいる家族に送金しなければならないからなのだという。

キムサは、ベトナム戦争が終わる頃、サイゴンを最後に出たヘリコプターに乗り込んだ幸運者の一人だったそうだ。

アメリカに来てからも、親切なアメリカ人夫婦のおかげで、仕事もすぐに見つかった。

「どんな仕事？」

「鉄砲を売買する会社の受付なのよ。健康保険も生命保険もみんな面倒見てくれているのよ。私、ラッキーでしょう？」

戦争していた国からやってきて、鉄砲を売る会社に就職するなんて、と私は驚いたが、彼女は何も気にしていないようだ。キムサはよくパーティを開いていた。招待客は会社関係のアメリカ人が多かったが、そこに日本人を加えたかったのか、いつも私を招待した。

キムサは芸術家でもあった。アパートの壁には絵画や写真など彼女の作品が飾られていた。絵は主に水彩画だったが、日本画風に描いた「水仙の絵」が私は好きだった。

キムサは私の家に来るのも好きだった。残念ながら、私の家には、彼女の期待するような日本の宝や美術品はなかったが、庭は気に入ったようだった。アパート住まいで自分の庭を持っていなかったからかもしれない。そして、カメラで庭のあちこちを撮った。独特のアングルから撮る彼女の写真に、新しい発見をさせてもらったものだ。

そんな付き合いを一〇年ぐらい続けたある日、アイシスから電話があった。

「キムサが大変なのよ！　歩けなくなったの」

「歩けない？　どうしたの？」

「そう、歩けないの、もう会社へも行けなくなってしまったのよ」

「つい最近、私の家に遊びに来たのよ」

「急だったのね。それとも今までずっと我慢していたのかしら？」

キムサはパーキンソン病と糖尿病を同時に患っていたのだ。

やむなく会社を退職してからのキムサの生活は大変だった。家の掃除は人に頼めるが、食事作りは他人に頼むことができない。アメリカに長くいても、やはり好みはベトナムの味。ショッピングを人に頼み、手伝いに来てくれる人に料理の指導をしなければならなかった。ワシントンＤＣにも、「Meals on Wheels（ミールズ・オン・ウィールズ）」という食べ物を配達しくれるサービスがあるが、持ってきてもらった食べ物ではのどを通らない。

だんだんベトナムへ帰ることを考えるようになったが、四〇年以上もワシントンＤＣに住んでいたのだから、そう簡単には決心できない。ベトナムに帰れば両親は健在だし、姉妹兄弟も親戚もたくさんいる。皆親切にしてくれるだろうが、満足しているアメリカ生活を捨てたくはない。しかし、一人での生活がどんどん困難になってくる現実に直面し、キムサは帰ることを決めた。

あきらめきれない彼女は、当初は三ヵ月ごとにベトナムとワシントンを往復する生活を繰り返していた。ワシントンに戻ると、いつものようにパーティを開き、自分が帰って来たことを皆に知らせるのだが、そのうち思うようにはいかなくなったようだ。

ベトナムから絵はがきが届いた。「いつでもいらっしゃい、ベトナムで会いましょう」と書いてあった。それから六、七年はたちまちのうちに過ぎてしまった。

ベトナムへ行ったら、必ずキムサを訪ねたいと思っていた私は、英語の分かるニューエンに出会った時、すぐこのことを相談した。

地図で調べてもらうと、キムサの実家は、ムイネーというリゾートエリアの近くだという。ホーチミン市から遠くはないが、そこへ行くバスも列車もない。ファンティエットという町までバスで行って、そこからはタクシーで行くしかないということだった。ムイネーは、岬までの二十三キロの海岸線が美しいリゾート地として開発されているところらしい。

ファンティエットへはスリーピング・バスがあるという。席がベッドのようになっているので寝ることもできるバスだ。六時間も乗らなければならないのだから、これはありがたい。

朝七時半前にニューエンがやってきた。息子が熱を出したので病院に連れていかなければならないが、私との約束と責任があるから、早めに来た。私を送ったらすぐに家に帰るという。途中、バスは停まらないかもしれないからと、近くのトラベル・エージェントに入ってトイレを借りることを交渉してくれ、お腹が空くといけないからと言って、コーヒーとパンを買ってくれ、道を渡る時には私の手を取る。至れり尽くせりだ。感謝してチップをあげると、そのまま胸のポケットに入れた。喜んでいるのか、当たり前と思っているのか、足りないと思っているのか、さっぱり分からなかったが、この人の給料外収入はこれだと遅ればせながら気づいた。

ニューエンはスリーピング・バスの運転手に、この人はリゾートには行かないので、町の中心で降ろしてくれと丁寧に説明してくれた。そして、下のベッドを確保してくれた。これも彼の親切な心遣いだった。

仏壇には
キムサの遺影

キムサの実家

ドラゴンフルー
ツ畑

途中停まらないかもしれないと言われていたが、乗客が頼めばどこでも停まるらしい。白人の女性の頼みで停まったところはバスの休憩所。果物も山のように積んであるし、トイレもきれいで、トイレット・ペーパーも豊富に用意してある。紙まで備えてある公共のトイレはまれなのでびっくりしてしまった。食べ物や果物が盛り沢山の店で三種類の果物を買い、それを昼飯にすることにした。もちろんニューエンが買ってくれたパンも食べたので、お腹はしっかり一杯になった。

無事ムイネーという所に着いた。ほとんどの客はリゾート地まで行くのだが、私ともう一人の地元の若い女の子は町の中心で降りた。そこからタクシーに乗ってキムサの家に行くのだ。住所を書いた紙をタクシーの運転手に渡した。

「どのくらい遠いの？」と聞くと、

「十七、いや十六キロメートル」というので、あまり遠くないなと思いながらタクシーに乗り込んだ。しかし、走り出したら行けども行けども着きそうにない。七〇キロか六〇キロと言ったのを聞き間違えたのかもしれない。町を一つ通り越して、海の方に近づいていく。たくさんのリゾート・ホテルがある。どれも大きくて新しい建物だ。陸地側を見ると、昔ながらの小さな農家が並んでいた。時期は二月。畑にはドラゴン・フルーツばかり見える。こんなにたくさんのドラゴン・フルーツは見たことがない。

タクシーはさらに田舎の道を走り続けた。私はだんだん不安になってきた。「まだ？」と聞くと、運転手は指を二本突き出した。あと二キロということか。

やっと小さな家の前に停まった。運転手は住所を書いた紙をかざしている。「ここ?」と聞くと、「そうだ」という身振りをするので、私は車から降りた。

家の前の縁台に坐って話をしていた男性三人と女性一人が一斉に立ち上がって私の方を見た。急に見慣れない女が現れたのだから驚いたに違いない。その中にキムサはいなかった。三人はキムサの兄弟なのだろうか?

「こんにちは!」

誰も答えてくれない。

「私はキムサの友達で……」と言いかけると、「こっちです」と、一人の男性が先に立って歩き出した。

キムサとはもう一〇年以上も会っていない。ワシントンにいる頃から話をするのも困難になっていたが、元気にしているだろうか。

「キムサ!」とその男性が腕を上げた。男性が指差す方を見ると、写真が飾ってある祭壇がある。ということはもうキムサはいない? その男性は私を祭壇の近くまで誘い、線香をつけ私に持たせた。祭壇にかかげてある写真は間違いなくキムサだ。私は線香を立て、手を合わせた。もう少し早く来ればよかったと後悔したが、仕方がなかった。これこそ運命というのだろう。

「いつ?」と聞いたら、「二〇一三年十二月」とはっきり英語で答えが返ってきた。英語圏からお見舞いに来る人がいるのかもしれない。ワシントンでは大勢の友達に囲まれていたのだから。亡くなってからまだ二ヵ月もたっていない。

ワシントンでのキムサの思い出がある。病気を発症する前は、パーティが大好きだったが、外に出ることも好きだった。特にワシントンの「蓮池の公園」が好きだった。大小一〇あまりの蓮の池があり、回りには細い畦道がある。そこを散歩したり、座ってランチを広げることもできた。彼女はその公園を「天国」と呼んでいた。二人で競って写真を撮って楽しんだものだ。

彼女は、歩けなくなってからもその公園に行きたがった。しかし、車椅子で行かなければならない。かなり重いので車に積み込むのが大変なうえ、彼女を乗せて蓮池の畦道を押して歩くのも大変だった。二度ほどやったが、私一人ではとても無理だった。

キムサの家に案内してくれた男性は、泊まる所はあるからいつまでも泊まっていってよいといってベッドルームを開けてみせてくれた。そこはキムサが生活していた部屋なのだろう。アメリカで履いていたおしゃれな靴が六足置いてあったが、その他にキムサがワシントンのアパートで使っていたものは何もなかった。

もし一人でも英語が話せる人がいたら一晩か二晩か泊まっただろうと思う。しかし、キムサの家族は誰一人英語が話せない。仕方なく、私はその家に別れを告げた。

キムサに会えなかったことへの無念さを残しながら、その日の旅は終わったが、来ていなければもっと後悔していたかもしれない。

❖竜の玉後にのこして天に友

❖友逝きぬボートの人も知らずして

ベトナムのバス旅行　トイレ・ストップ

一九九七年に一週間だけベトナムを訪れたことがあるが、その時にはハノイからホイアンまで列車を使った。ゆったりした快適な旅だったと記憶している。今回も鉄道でと思っていたのだが、時間的になかなか合わない。それに、相談するベトナム人が皆バスを勧めるのだ。キムサの実家を出た後、次の予定のフエに行こうと、タクシーの運転手に「トレイン・ステーション（列車の駅）に行ってちょうだい」と言った（つもりだった）。しかし、着いたところはフオン・トレイン（Phoung Treine）というバスの旅行会社だった。結局、バスで行くことになってしまった。

フエに行くバスは夜八時出発だった。待ち時間がずいぶんあるが、近所のレストランでゆっくり夕食をとれるので、かえってよかった。

バスは定刻に出発した。これから二〇時間も乗らなければならない。乗客はたったの八人。四六人定員だからもったいない。女性は私ともう一人。このバスもスリーピング・バスで、好きな席に座れたが、このバスにはトイレがついてない。

人家の多い町を過ぎると、バスのスピードが一気に上がる。私は昼間の疲れのせいか、走り出すとすぐ眠ってしまった。夢の中で、あまりにも揺れるので私が運転を代わってあげると言ったところで、目が覚めた。人の話し声がする。なんと、真っ暗な高速道路の端っこで男の人たちが立ち小便をしているではないか。トイレがないのが不安だったのだが、こういうことか！　この時を逃してはと思い、私も車の外に出て、恥も外聞もなくかがみこんで用をすませた。もう一人の女性も出てきたものの、しばらくしてそのままバスの中に戻ってしまった。

「大丈夫なのかしら？」とよけいな心配をしたが、私はすぐ眠り込んでしまった。

これが夜の十時半頃。再び話し声で目が覚めた。今度は運転手の用足しらしい。男の人たちはまたもや外に出て用を足している。私も負けじと用を足したが、あの女性は今度は出ても来ない。若いから無理もないか……。これが夜中の二時半頃。

朝の五時、外はまだ真っ暗だった。私はもう起きていた。そろそろトイレに行きたいころだ。誰か停まれって言ってくれないかしら、あの女性がそろそろ我慢できないと言ってくれないかしら、とそわそわしていたが誰も何も言わない。運転手も大丈夫のようだ。六時近くなって私は我慢できなくなった。

「トイレ・ストップ！」と言ったが、はたしてわかったのかどうか、運転手は「グワー」と言う。私はもう一度声を張り上げた。「トイレ・ストップ！」「グワー」。

私には「グワー」と聞こえたが、何のことか分からなかった。とりあえず、バスは停まった。休憩所のようで、レストランもある。皆まっしぐらにトイレに走っていくと思っていたら、歯磨きを始めている。あの女性もだ。歯磨きをしてから、ゆっくりトイレにいくわけだ。あわてて駆け込んだのは私だけのようだ。バスに戻ると誰もいない。おみやげ品を見たり、食べ物を注文したりしている。もう六時半、朝ご飯の時間なのだ。私も朝ご飯を食べることにした。ゆっくり食べて、もう一度トイレに走ってバスに戻った。すっかり眠けは覚めたが、まだ七時前だ。

隣の若い男の子が、私に英語で話しかけようとしているのだが、彼の英語は全く聞き取れない。それが分かった彼は携帯を取り出した。そこに英文を打ち込んだ。なるほど、これならコミュニケーションは可能だ。彼は、バスは五時間後にフエに着く、予定より三時間も早いと教えてくれた。私は、フエまでにあと何回停まってくれるのか、そっちのほうが気になって仕方がなかった。

バスは高速で走り出した。他の車を追い抜く時にハッとする瞬間は何回かあったが、スピードは落とさない。なるべく前を見ないようにしていた。全然停まる様子がないので、二時間ほどたってから、「トイレ・ストップ！」と叫んだ。周りの人たちはくすくす笑っていたが、一〇時にもなればトイレ・ストップは当たり前ではないか。途中、休憩所や大きなレストランがいくつもあったのに、通り過ぎてしまった。ガソリン・スタンドにも立派なトイレがあるというサインが出ているのに……。

三時間も早く着くのなら、停まってくれたっていいのではないか！　なんで停まらないの？　理由など聞けないし、聞いても答えは分からないだろう。もう一度「トイレ・ストップ！」と言おうとした時、突然バスが停まった。一軒の民家の前だ。他の車がバスの横をひっきりなしに通っている。その民家のトイレを借りるのかしら、と思ったがそうではなかった。男性客と運転手は、夜と同じようにバスの傍で立ち小便をしている。あの女性は降りてもこない。私はさすがに躊躇したが、フト気が付くと砂が山と積んである。そうだ、あの陰に行けばいいんだ。運転手はその砂の山を見てここに停車してくれたんだ。男たちは、堂々と立ち小便をすますと、さっさとバスに戻って私が戻るのを待っていた。私が戻ると、また超スピードでバスは走る。

途中、ダナンという町を通過した。隣の男の子が携帯の画面で「ここはダナン」と教えてくれた。そして、すぐにトンネルに入るから写真を撮るのを忘れないようにと。長い長いトンネルだった。ハイヴァン・トンネルという。ずいぶんしっかりしたトンネルだと感心していたら、運転手が、「ジャパン・ビルト」とはっきり英語で言った。日本人が掘ったトンネルなのだ。全長九キロもあり、トンネルができるまでは山賊などが出る恐しい山だったらしい。

トンネルに入る前は曇り空で、雨もちらちらという天気だったが、トンネルを出ると太陽がピカピカの素晴らしい天気だった。それから約二時間近く走っても全然停まる気配がない。仕方なく、また私が叫んだ。

「トイレ・ストップ！」

皆がワーっと笑った。しかし停まる気配はない。相変わらずハイスピードのまま、大きな道路から外れていく。林の中を通過したかと思うと、湖の側を通ったりと、景色のいい所を選んで走る観光バスのようだ。私のような観光客にすばらしいベトナムの田園風景を見せているのだろうか。でも、若くない私はそんな景色より「トイレ」が大切なのに……。

バスはそのまま走り続け、とうとうフエに着いてしまった。町の中に入ってしまったら、もう停められないだろう。半ば諦めていたが、「どのホテル？」と若い男性が聞く。

「このバスは『目的地が二キロ以内ならそこまでただで連れていってあげる』って言ってるよ」と言う。急に言われても、フエでの泊まり先はまだ決めていない。急いで旅行案内書を出し、適当なホテルの名前をさがすと、「グーグル・ホテル」というのが見つかった。若いバック・パッカーがたくさん来るので、知りたい情報が得られるだろうと書いてある。「グーグル・ホテルに行きたい」と言うと、運転手は、「よく知ってるよ」という。とりあえずそこに落ち着こう。

バスがフエのオフィスに着いた。私はオフィスのトイレに駆け込んだ。その後、小さな車に乗り代えてグーグル・ホテルに連れて行ってもらった。ホテル代は十九ドル。インターネットも速くつながるし、清潔だ。それに朝食もついている。ただシャワーだけでお風呂がないのが残念だったが、それは我慢することにした。

四時到着の予定が、運転手がびゅんびゅん飛ばしたおかげで、まだ午後一時だ。こんなこともあるのだ。退屈する暇もなかったバスの旅だった。

❖刈田道急ぎ飛ばすやバス旅行
❖芭蕉葉をくぐりて進みバス旅行

古都フエ

わずか二ヵ月の違いでキムサには会うことができなかったが、今回のベトナム行きにはもう一つの目的があった。一九九七年にベトナム北部ホイアンで聞いたことを確かめることだった。江戸時代以前にはかなりの日本人がベトナムへ来ていて、日本とベトナムの交流が盛んだったという。ところが、江戸幕府の鎖国政策で、外国にいる日本人に帰国命令を出した。ベトナムにいた三〇〇〇人の日本人のほとんどはすべてを捨てて帰国した。しかし、どうしても帰りたくないという日本人が三〇〇人ほどいたそうである。土地の人と結婚し家族をもっていた、この地で富を得ていたためそれを捨ててまで帰ることができないなどの理由があったのだろう。

当時、日本とベトナムはどんな関係にあったのだろう。居残った人たちはその後どんな暮らしをしていたのだろう。中国人は中国人街を建ちあげて住んでいたそうだが、日本人もまとまって協力し合いながら生活していたのだろうか。今でもその末裔がベトナムのどこかに住んでいるかもしれない。遠くの田舎に日本人村のようなところがあるかもしれない、と好奇心がどんどん拡がっていった。こうした私の関心事を英語のよく分かるニューエンに話した。

「そうですか。ボクは聞いたことありませんけど、知り合いがフエで日本のレストランをやっ

阮朝の王宮

王宮の門

ているんですよ。その人が知ってるかもしれないし、そういうことに詳しい人を紹介してくれるかもしれないよ」

その言葉を信じてフエにやって来たのである。


ニューエンの知り合いは、「竹」という日本食レストランを経営していた。「グーグル・ホテル」に荷物を置くと、すぐその人に電話をかけた。なんと、そのレストランはこのホテルの隣ではないか！　さっそくホテルを飛び出た。秋刀魚と海葡萄とみそ汁のランチを食べた。涙が出るほど美味しかった。ランチが終わってから、オーナーと話がしたいと申し出ると、とてもきれいな日本語で「私がオーナーです。何でしょう」と返事があった。「竹」という名前や日本食レストランであることから、オーナーはこの土地に住んでいる日本人だと思い込んでいたのだが、彼はれっきとしたベトナム人だ。

「この辺に日本人村のようなのはありませんか？」

「そうですねえ。この辺にはありませんねえ。でも私は前に日本大使館で移民の研究をしている人の手伝いをしていたことがあります。そうだ！　ハノイに行って、日本大使館に問い合わせればいい。そうすれば必ず分かりますよ」

そう言って、日本大使館の電話番号を教えてくれた。さっそく電話をしてみたが通じない。メールも送ったが返事がこない。直接行かなければダメかと思い、諦めることにした。

日本人に関する情報が何も得られないのなら、フエにいる理由はない。すぐにホイアン行きのバスの手配をすることにした。手配はグーグル・ホテルでしてくれるそうなので、残りの時間でフエ観光をすることにした。

フエはベトナムで最初に世界遺産に登録された所でもある。ベトナム最後の阮朝の都だっただけに、その当時の建物がたくさん残っている。シクロに乗って観光。ベトナム人の計算の速さについごまかされそうになる。もしかしたらごまかされたかもしれない。それさえも分からないほど速い。

駆け足だったが、一回りしたので、さあ、ホイアンに行こう。

❖落し文シクロに乗りて古都めぐり
❖冷奴一切れ異国のおもてなし

ホイアン　日本人の墓

フエからホイアンに行くにはバスしかないという。三時間ほどかかる。あいにくの雨だったが、一時間遅れで午前九時に出発。埼玉から来た望月さんという人と隣り合わせになった。七年ほど前にハノイのＪＩＣＡで約二年間働いたという。今は退職した身で、その後どうなっているかを見るための一人旅だという。

三時間ということは、途中では停まらないかもしれないと覚悟を決めていたが、トンネルに入る前に停まった。あのハイヴァン・トンネルだ。望月さんによると、そこではベトナムの絶景が見られるらしい。その日は雨だったので残念ながら何も見えなかった。そこで三〇分休憩してホイアンに向けてバスは走りだした。

ホイアンでほとんどの人がバスを降りたのは、ある宿の前。「ホーム・ステイ」という看板がかかっている。「バスから降りたばかりなんです。トイレを貸して下さい」と言うと、「ここに泊まる人にしか使わせないよ」とすげない。

私もホイアンに二、三日泊まりたかったので、「じゃ、空き部屋ありますか？」と聞いたら、「ここは空いてないけど、別の所にあるからそこに泊まるか？」と言う。「泊まるわよ！」

やっとトイレを使わせてくれた。

ベトナム人にしては色の白い中年の女性が、私をバイクの後ろに乗せて、一キロほど離れた宿に連れていってくれた。バイクの後ろに乗るのはホーチミンで慣れていた。

その「宿」は立派な家具屋さんだ。店の三階に部屋があるといわれた。エレベーターなどないから、荷物を持って三階まで上がるのは大変なのだが、彼女には手をかそうという気は全然ないらしい。部屋代は二五ドルという。

「それは高い！　もっと安くして下さい」

「あんたは一人だから特別料金で泊めてあげるんだから、絶対まけられないよ」

かなり頑固そうなのであきらめてここに泊まることにはした。このおかみさんは家具屋の仕事もやっているので忙しいのか、あまり親切ではなかった。部屋の鍵を間違えて渡したり、お湯の出し方の説明はしないし、部屋にはテレビも電話もないし……。しかしホイアンの町中に近く、自転車も無料で貸してくれるという。まあいいか。日本人村のことを聞いて見た。

「あたしは知らないけど、クール・ジャパンという新しくできた土産店にいる日本人かベトナム人に聞いたら分かるかもしれないよ」

さっそく自転車で「クール・ジャパン」に向かった。ホイアンも二〇〇七年に来た時とは随分変わっている。どこもかしこもきれいでおしゃれになっている。「クール・ジャパン」という名前からして洒落気たっぷりだ。その店には若い日本人が三人働いていた。

「多分、それは昔のことでしょう。今はそういう日本人はいないと思いますよ。でも近くに、

「クール・ジャパン」
という名前の
土産物店

日本橋

華僑の人々の祭り

祭司の老人

谷弥次郎兵衛の墓

潘二郎の墓

コンクリートの道の先に
日本人の墓がある

お墓の場所を教えて
くれたおじいさん

最後の日本人で谷弥次郎兵衛さんという人の墓があると聞いたことがあります」

明日行ってみよう。自転車で行けそうだ。


翌朝、目が覚めるとすぐ自転車に飛び乗って出かけた。地元の人が麺を食べている屋台があった。朝ご飯はまだだったので、そこで食べた。三万ドン（一六七円）だ。まてよ、そこで食べていた人たちは「ワンドラー」と言っていた。ワンドラーは大体二万ドン（一一一円）。だまされたのか。油断も隙もない。

朝食を終えて自転車をこいでいくと、人家がまばらになり、広い稲畑が見えてきた。教えてもらったのはこのあたりだ。体操している品のいいおじいさんがいた。手をもんだり、足をまげたり、真剣にやっているので、邪魔するのも申し訳なかったが、声をかけた。

「この辺に日本人の墓はありませんか？」と聞くと、あっさりと「あるよ」と言う。

「あっちのほうだけど、近くまで連れて行ってあげるよ」

英語が上手なので、びっくりした。

「英語がお上手ですね。もしかしたら、アメリカ軍で働いたの？」

「アハハハ、そうだよ、そうだよ」

聞いてからハッとしたのだが、アメリカ軍はベトナムの敵だったのだ。でも、笑って答えてくれたのでホッとした。

五〇メートルほど先の大きな道を横切って、農道に入る。どこからか、よれよれの上着をきた農夫らしい男性が現れた。

「日本人の墓？　知ってる、知ってる。オレが連れていってあげるよ」

ここまで連れてきてくれたおじいさんのことなどお構いなく、私を急がせる。その人も自転車だ。そこまで連れてきてくれたおじいさんは、いつものことだと言わんばかりに、黙って見ている。私は後をついて行った。田んぼの真中に石を並べて作った道が延びている。そこからは自転車を置いて歩いて行かなければならない。その道の終わりに墓はあった。

英語、日本語、ベトナム語で説明が書いてあった。谷弥次郎兵衛という名前はかすれかかっていたが、確かに読めた。農夫らしき人は墓の側にしゃがみ、線香にライターで火をつけていた。線香は四本あり、三本を私に渡して、三回振ってそこに刺せというしぐさをする。私がその通りにすると、残っていたもう一本の線香を私に持たせ、谷さんの墓の後ろにあるもう一つ墓石にもあげろと言う。墓石に刻まれた人の名前は聞いたことがなかったが、文学博士で、その人が谷さんの墓を建てたらしい。もしかしたら、目の前にいる農夫らしき人は墓守を頼まれているのかもしれない。私のお参りがすむと、ここにお金を入れろといって、花瓶のようなものをさしだした。私の財布にはお金がそんなに入っていなかったが、二万ドン（一一一円）だけ残して、あとのお金を全部その中に入れた。その人はあまりに少ないのを見て「チェッ！」と不満な仕草をしたが、私は空っぽの財布を振ってみせた。

自転車を置いた所に戻ると、またひとり同じような男が現れた。

「日本人の墓ならまだあるよ。連れていってあげるよ」

私が自転車でそこを去ろうとすると、「お金は？」と言う。

「お金は全部あのお墓の花瓶の中に入れたからないわ」と言っても聞かない。もう一人の男は自分はもらってないという仕草をする。仕方がないので、自分のためにと残しておいた二万ドンをチップとして渡した。やはり額が少ないからか不満そうな顔をしていた。現金はそれしかなかったのだ。二人の墓案内人は、「あとファイブあるよ」と言いながら、「さよなら」と言ったのについてくる。私はこれからエアポートに行くからと言うと、やっと離れていった。

あの品のいいおじいさんは道端でずっと待っていてくれた。「この道をまっすぐ行ったらい」と言って、私の前でどんどん自転車をこいでいく。一〇〇メートルほど走った所で止まった。自転車を置いて、「こちらにいらっしゃい」と言う。そこにも同じような墓があった。風化して墓石の文字ははっきり読めないが、これもベトナム語、日本語、英語の三ヵ国だ。お参りする人がいるようで、線香やマッチのカスがたくさん散らばっていた。

日本人が墓めぐりをするのか、末裔が墓参りに来るのか、近所に住む人にぜひ聞いてみたかった。通訳がいなかったのが残念だった。

後で分かったのだが、谷弥次郎兵衛は鎖国政策をとった日本へひとまず帰ったが、ホイアンに残した恋人に会うために戻り、そのまま日本へ帰ることなく一六四七年に亡くなった。

ベトナムと日本との繋がりはまだ続いている。

❖稲畑の中に埋もれし日系人
❖線香の香りただよふ墓掃除

近代都市ハノイ

ハノイの空港が近代的なのにはびっくりした。トイレには日本式の洗浄器がついていて、TOTOの広告もある。二〇〇七年に来た時はラオスから夜中にバスで来たので景色も見られなかったし、その頃のハノイにはまだ高層建築もなかった。

税関を出たところに旅行案内所があったのでホテルの事情を聞いた。案内所の女の子は不自然なほど愛想がよかった。男性スタッフが「飛行機、一緒でしたね？　私はあなたの後ろに坐っていました」と言う。

「あなたはラッキーですよ。このライジング・ドラゴンというホテルはハノイの中心地にあって非常に便利なのに、プロモーションでずっと安くするっていってるんですよ」と写真を見せる。

「三つ星ですよ」

「三つ星なんて高いでしょう？　私は貧乏旅行をしているので予算は二五ドルなんです」

「そうですか。本当は四五ドルなんですけど、プロモーションで二七ドルです。それも朝食付きですよ。安いですよ。二ドルしか高くないんですから」

確かに、イギリスのロンリー・プラネットの旅行案内書には、ハノイには三五ドル以下のホテルはないと書いてある。それよりも安いところは相部屋になってしまう。

写真を見ると、部屋も広々としていて豪華に見える。ベトナム旅行の最後の都市だし、この程度の贅沢はしてもいいいと思い、そのホテルに決めた。

ホテルに着いて部屋を見せてもらった。宣伝用の写真とは比べものにならないくらいに部屋は小さい。見た目は清潔そうだったが、シャワーだけで湯船がない。ちょっとがっかりしたが、もうお金も払ってしまった。

場所としては最高。オールド・タウンの真ん中なのに、騒音は聞こえず静かだ。エレベーターがあるから荷物を運ぶのも楽だ。ホテルの従業員は英語が達者なのが何よりだ。

このホテルでは旅のプランニングもしてくれるようだ。私はバンコク経由で成田に帰るチケットなので、それに合わせたプランを頼んだ。帰る前にラオスに立ち寄りたかった。二〇〇七年の時はラオス側からバスでハノイに入った。今回はハノイ側からラオスに行きたかった。ベトナム戦争当時、ベトコンが隠れていたというラオス側の洞窟をもう一度見たかったからだ。

しかし、ハノイからの直行のバスはないし、飛行機も電車もない。バスで国境まで行き、ラオスのローカルバスに乗り換える。そこで一日費やしてしまう。そこからラオスの首都ビエンチャンまでもバスしか手段がないという。どうしてもあと二日必要になる。ハノイ滞在を短縮するわけにもいかないので、今回は諦めて、ハノイからバンコク行きの飛行機を予約してもらってやっと落ち着いた。

ハノイは二〇〇七年に来た時にひと通り観光したが、もう一度回ってみたい。ただし、郊外にあるハロン湾にはもう行かない。以前に行った時は世界遺産に登録されたばかりで、海の清掃が終わっていなかったせいか、とても汚かった。一九九四年に世界遺産に登録されるまで、人々は汚水を海に流していたそうである。今はきっと綺麗になり、高級ホテルやレストランが並んでいるだろうなと想像する。

朝、階下に降りて行くと外は雨。雨具を持っていなかったので、どうしたものかと悩んでいるうちに雨が止んだ。ホアン・キエム湖（Hoan Kiem Lake）へ歩いていった。泊まったホテルは、確かに便利な所にあり、歩いてどこへでも行けそうだ。ホアン・キエム湖は市バスの発着点になっており、ハノイのどこへでも行けそうだ。

湖の中にゴックソン島があり、そこに玉山祠がある。観光客はそこに祀られている大亀を拝みに、我も我もと押し寄せる。

玉山祠の大亀にはベトナム建国に関するいわれがある。ベトナムが一四二八年に明軍に襲われた時、レ・ロイという人物が湖に棲む大亀から宝剣を授かり、その剣で明軍を追い払い、中国支配から解放して黎朝を築いた。それがベトナムの始まりとなったというのだ。その後、亀に剣を返すようにという天啓があり、剣はこの島に返されたという。玉山祠に祀られた大亀の剥製がレ・ロイを助けた亀だと人々は信じている。参拝者の列が絶えない所以である。

玉山祠に行くために真紅の棲旭橋を渡る客は絶えなかったが、私は反対の方角に気をとられていた。湖畔は遊歩道になっている。若いカップルが手を取り合って湖に浮かぶ小島を眺めながら散歩している。変わったカップルがいるのに気が付いた。女性の方は間違いなくベトナム人。まるでこれから結婚式にでも行くかのような服装だ。男性の方は、どう見ても外国人に見える。そんなカップルがあちこちに見られる。しかし不自然なのは、カメラを持った男性が前から後からカップルの写真を撮りまくっている。それも映画の撮影のように何度もやり直したりしている。これは何だろう。

どうも新手の商売のようだ。ベトナムの女性と恋におちたというエピソードの証拠として写真をとってもらっているのではないか？　観光客はきっと大金をとられるのだろうなと気になったが、よくよく考えると馬鹿らしい。

湖の反対側に回ると、トランティエン・プラザというショッピングセンターがあった。一〇〇年ほど前のフランス式の建物で、中には世界に名が知れるブランドの店が並んでいる。内部を改装したばかりだという。どの店にも、黒い服を着た二十代の、テカテカにヘアオイルを塗り付けた男が番兵みたいに立っている。ビルは八階まであるようだったが、私は二階までしか行かなかった。どの店にも客は入っていなかった。私には分不相応に思えてとても恥ずかしかった。

ホテルに戻って、受付の若い女性に聞いてみた。

「素晴らしいショッピングセンターが近くにあるけど、時々行くの？」

「いいえ、あそこはお金持ちしか行きませんよ」

「うらやましくないの？」

湖畔を歩いていたのは即席カップル？

高級ショッピングセンター
「トランティエン・プラザ」

ハノイにも高層ビル

「いいえ。私はとても買えないけど、私たちの国があのようなショッピングセンターができるまでになったというだけでうれしいんですよ」

受付嬢は大学を出たばかりでまだ見習いで、給料は八〇〇ドルと安いそうだ。見習いが終わると四〇〇ドル増しになるそうだが、ベトナムではあまりお金を使わなくても生活できるのであまり不満がないという。

❖亀鳴くと我も我もと橋渡り

❖一張羅着てしずしずと夏木立

喰うか喰われるかのハノイ観光

ラオスに行かないと決めたのでハノイ観光の時間が増えた。

ホアン・キエム湖のバスの停留所まで歩いていった。

「民族博物館へ行きたいんですけど、どのバスに乗ったらいいですか？」と英語の分かりそうな若い女の子に聞くと、「十四番です。私も同じ方向に行くので一緒に行きましょう」と言う。

バス停から博物館まで六〇〇メートルはあるが、その女の子と話しながらのんびりと歩いた。

「おばさんは何歳？」という彼女の質問で会話は始まった。私がよっぽどよぼよぼしているように見えたのか、あるいは、年寄りには尊敬の度合いが違うのだろうか。

大学生かと思ったら高校生だという。英語がとても上手だ。特別におじいさんから習っていて、今日もこれから英語の勉強のために行くという。おじいさんは若い頃は政府の役人だったという。

「あなたのおじいさんはどうして英語ができるの？」

「わからない」

「英語を勉強して将来何になりたいの？」

「まだはっきりはわからないけど、多分ビジネス」

「どうして？」

「お金持ちになりたい。でもその前に外国に出て勉強したい。カナダかオーストラリアに行きたい」

「日本は？」

「日本語は難しくてとてもマスターできない」


民族博物館の展示はとても面白かった。ベトナムには五四もの民族が暮らしているとは知らなかった。多民族国家のさまざまな暮らしぶりが分かりやすく紹介されている。ここにはすべての民族が展示されているわけではないようだが、スペースも充分あるので、これから展示を広げていくのだろう。国立歴史博物館では、ベトナムの歴史が時代ごとに展示されている。

美術博物館は、建物がフランス時代のままで、実に趣きがある。展示されている絵画も力強い印象のものが多かった。漆塗りの絵画があった。初めて見たのだが、面白い効果が出ていた。

ひっきりなしにバイクが走っている通りをやっとの思いで横切ったところに文廟があった。

文廟は、孔子廟だ。子供たちがたくさん来ていた。マイクで説明している声がうるさい。社会の倫理を教える儒教の話であれば、子供たちにはおもしろくないだろう。あまりの人の多さに、すぐ外へ出てしまった。

次に行きたいのはホーチミン廟。もう三時を過ぎていた。ハノイではまだバイク・タクシー

民族博物館には
ユニークな展示がいっぱい

美術博物館

に乗ったことがなかったので興味を示したら、あちこちから客待ちバイクが寄ってきた。最初は一〇万ドンだったのが、どんどん下がって六万でいいという。それを五万ドンにねぎって、ようやく乗車。運転手は中年の男で、口の両端に白い髭が五センチくらいのびている。何となく信用できるという印象を受けた。

「どこから来ましたか？」と、言葉使いが丁寧だ。

「ホーチミン廟は遠いですよー」

これはチップが欲しいという意味かと思った。私にとって多分最後のバイクになるだろうから、最初に要求した六万ドン（三〇〇円）にしてあげようかと心積もりをしていたのだが、ホーチミン廟の入口からかなり離れたところで突然バイクを止めて、「ここで降りな！」とぶっきらぼうにいう。そして、「ここからは歩いて行くんだよ」と、やたらつっけんどんだ。人通りの少ない裏通りだ。おかしいとは思ったが、言うとおりに降りて、さてお金を払おうとした。

「五〇万ドン（二五〇〇円）だよ」。

「冗談じゃない、タクシーだって六万ドン（三〇〇円）よ」

私は、あげようと思っていたチップはやめて五万ドンだけ渡した。運転手は何かわめいていたが、あきらめてバイクをとばして行ってしまった。相場を知っていてよかった。最後に会った、人の良さそうなおじいさんが一人旅の老女をだまそうとするなんて……。

ホーチミン廟の入口をさがして歩いていくと、近くから祈りのような声が聞こえる。いかにも古そうな小さなお寺だった。

中をのぞいたが、人の姿が見えない。それではと、一歩、二歩と中へ入って行く。小さな中庭の隅に丈一メートルほどの竹人形が何十となく立てかけてある。思い出したのだが、泊まっているホテルの近くにもよく似た寺があった。中庭の真ん中に銅像があり、それを囲むようにして二〇人ぐらいの老若男女が腰を屈め、一人二つずつ洗面器のような器を前に置いている。一つの器に水が入っていて銅貨がたくさん入っている。本物のお金のようだ。そして、祈りの唱和に合わせて、銅貨をもう一つの洗面器に移している。かがんでいる人の回りは水浸しになっているが、そんなことを気にしている人は誰もいない。祈りは延々と続き、銅貨が全て移されたところで唱和が止んだ。さらなる祈りの後、一斉に立ち上がり、一人一人門の外へと出て行った。これは何なの？　英語の話せる人がいないかときょろきょろしていたら、一人の男性が近づいてきた。

「何か聞きたいことがあるのですか？」

「私、旅行者なんですけど、今何をやっていたんですか？」

「ああ。銅貨を移すことによって、商売が繁盛すると信じているんですよ」

「そうですか。あの竹の人形は？　ずいぶんたくさんあるようですけど」

「あれは皆、犠牲者なんです」

「犠牲者？」

「犠牲者といっても、殺された人とかじゃないんです。嘘をついた、盗みをはたらいた、意地悪をしたとか、そういう日常茶飯事の些細な過ちの身替りで過ちを許してもらうという儀式に

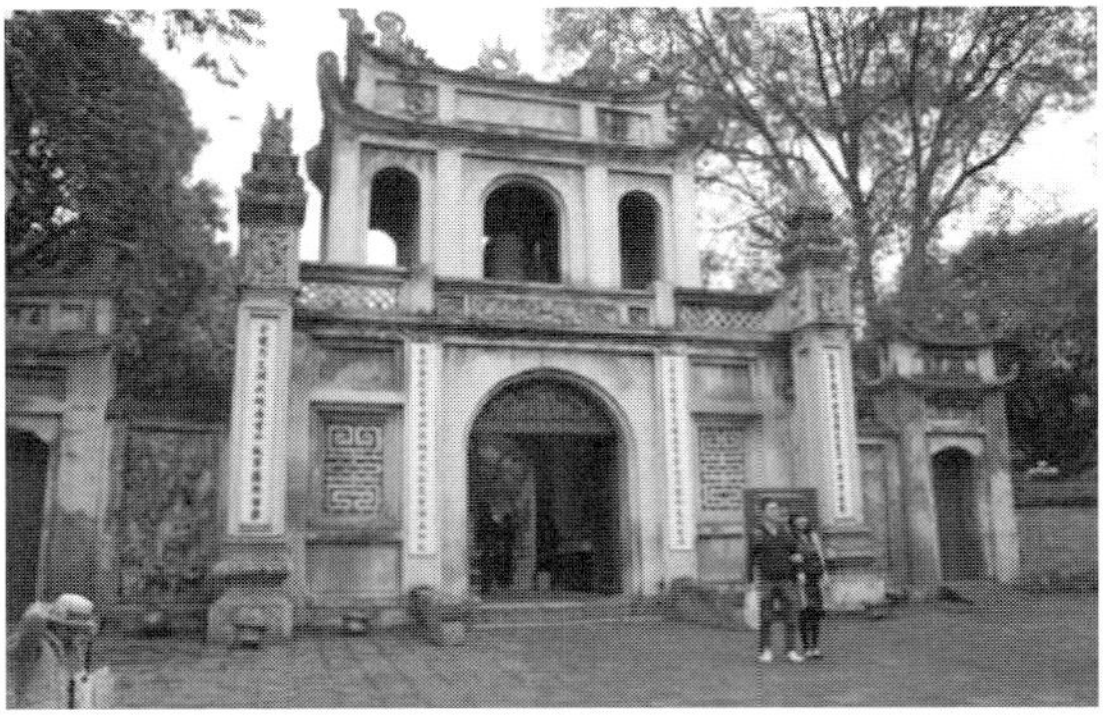

文　廟

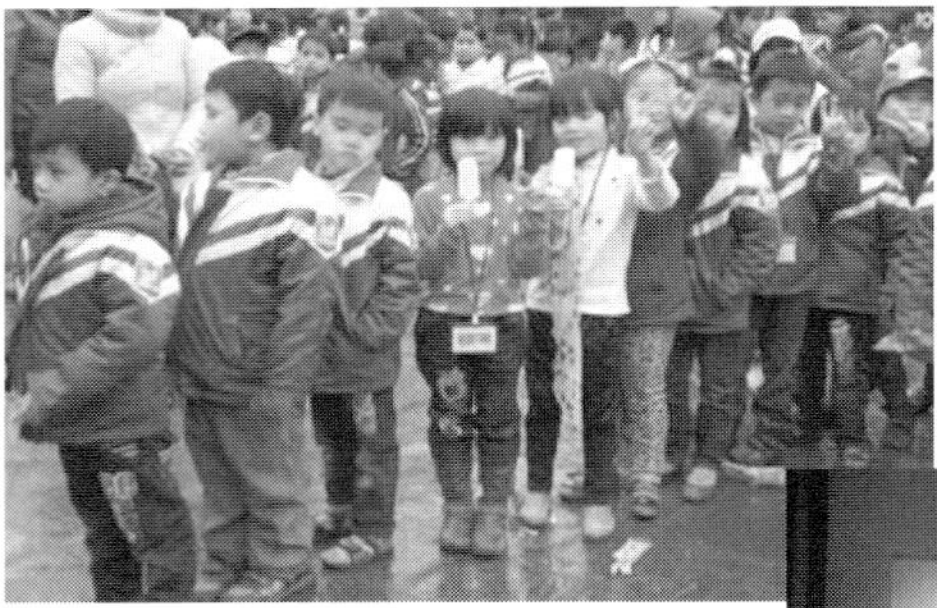

文廟にやってきた子どもたち

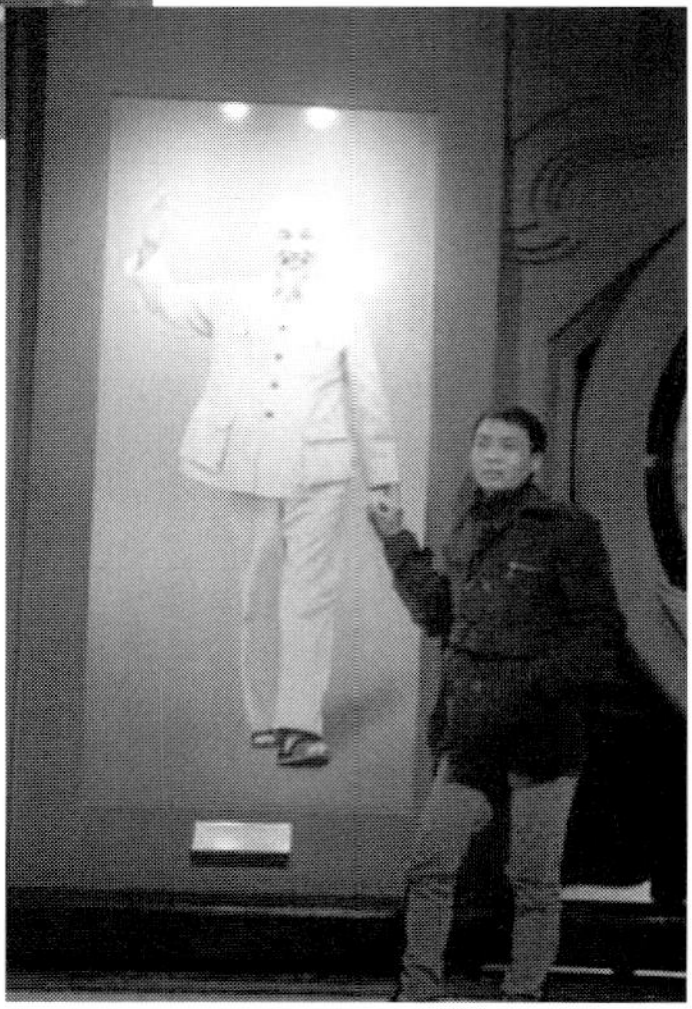

等身大のホーチミンと
手をつないでいるよう
に撮るのがトレンド

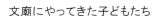

「銅貨を移し替えると商売繁盛」「些細な過ちを人形を身代わりに許してもらう」　人々は熱心に祈っている

物売りがあちこちで店開き

道路沿いのアート

使うんです。儀式はもう終わってしまいましたがね」

ホーチミン廟のすぐ前の古寺でこんなことが行われていたなんて意外だった。

ホーチミン廟で展示されていたのはほとんどが写真であった。その他、今の若者たちの絵画や彫刻作品も展示されていたがグロテスクで、ホーチミンとは全く関係ない。これが今のベトナムの美的感覚かと首をかしげた。

よかったのは日本から寄贈されたホーチミンの等身大の写真である。ホーチミンの手にさわっている写真を撮ってもらうのがブームらしい。ホーチミン廟の中で多くのベトナム人に質問してみた。答えは口を揃えたように同じだった。

「ホーチミンはあなたにとってどういう人物ですか？」

「ホーチミンは我々のやさしいおじいさんです！」

そこからタクシーに乗ってホテルに帰ってきた。また変なタクシーをひろってしまった。メーターが倍の速さで回るようになっていたのだ。当然法外な料金を要求された。私は言われた通りには払わず私の概算で二〇ドル払った。それでも高かった。

ハノイではタクシーにお金を喰われてしまいそうだ。常に相場を知っていなければと痛感した。喰うか喰われるかのハノイであるが、ハノイはたくましく発展し繁栄していくだろう。また訪れるのが楽しみだ。

❖夏風やフランス建築吹き抜けり
❖ホーチミン暑き夏果て国の父

戦後、残留日本兵は何をしていたか?

ベトナムを旅していると、何となく故郷に帰ったような懐かしさを覚える。ベトナム人も私が日本人だとわかると親しみを感じて接してくれるような気がする。タクシーやシクロの運転手のなかには最初からごまかそうとする者もいるが、どこでも客扱いが丁寧だ。

ハノイに来た目的の一つは、日本大使館で江戸時代以前にベトナムにいた日本人のことについて教えてもらうことだったのだが、うまく連絡がとれなかった。ふと、JICAのことを思い出した。JICAは東南アジアの国々ですばらしい活躍をしている。「竹」レストランのマネジャーが手伝ったことがあると言ったのは、JICAのプロジェクトかもしれない。それを確かめてみよう。

JICAのオフィスはすぐわかったが、日本人はおらず、応対してくれたのは、皆ベトナム人だった。

「江戸時代以前の日本人のことは全然わかりませんが、第二次世界大戦後の日本人のことは研究課題の一つなので、それはお教えすることができます」といって、ウェブサイトからプリントしたものをくれた。東京財団研究報告書「ベトナム独立戦争参加日本人の事跡に基づく日越のあり方に関する研究」というものものしい題がついている。二〇〇五年に作られたもので、井川一久（大阪経済法科大学アジア太平洋研究センター客員教授）という人が代表者で発表されたものである。以下、この資料をもとに紹介しよう。

ベトナム、カンボジア、ラオスを統治していたフランスはドイツに占領されていた。ドイツの同盟国日本は東南アジア進出を機に、一九四五年三月、インドシナ統治機構を解体して、フランスが占領していた三ヵ国に独立を与え、日本の軍政下に置いたばかりだった。しかし八月十五日に日本が降伏したので、インドシナ全域は一ヵ月ほど「権力空白」の状態になった。その頃から活発になり出したベトナム共産党の中核であるベトナム独立同盟（ベトミン）が、それを好機とみたホーチミンの指導で九月二日にベトナム民主共和国（ＤＲＶ）の独立を宣言した。しかしドイツが降伏してフランスが解放され、日本軍がベトナムから去った後、フランスはインドシナの再征服をねらって、ベトナム南部から進軍してきた。それに対抗してベトミンは戦わざるを得ないことになったが、当時のベトミンには、近代的な戦略・戦術知識、戦闘技術、個人用銃器など何もなかった。

日本軍は武装解除し、日本への引き揚げを待っていた。ベトミンに勧誘されたりして脱隊する者が出始めた。その時日本へ帰らずベトナムに残留した日本人は民間人、軍人あわせて約八〇〇人といわれている。中には独自に反仏武装組織を作ろうと試みた者もいたらしいが、当時はベトミンへの勧誘が盛んで、ほとんどの日本人はベトナム人に同情し、フランスに反感を抱いていたから、勧誘はさして難しいことではなかったらしかった。勧誘はベトミン以外の国民党などからもあったが、それに応じた者はなぜか短期間で離脱するものが多く、ベトミンに入るか中立の立場をとって自活する道を選ぶ者が多かった。

日本敗戦後の混乱期にベトミンはフエにベトナム初の士官学校を作った。教官はすべて日本人の元軍人で、生徒四〇〇人は徹底的な教育をほどこされた。士官学校には、四〇〇人が収容できる校舎、宿舎、教官宿舎、食堂があり、他に医務室もあった。すべて竹に粘土をぬり、屋根は茅葺きという粗末な建物であった。その後は現代風に改良されているが、今でもベトナムの兵学校として使われているそうである。

この学校を創立するにあたり、ベトナム側は、日本人軍人の厳しい訓練を期待したが、面白いことに、生徒を殴らないよう要請したそうである。それほど、日本の軍隊が殴るのは世に知られていたのだろう。

フエはグエン朝の時代の首都として栄え、旧王宮がある。一九四五年にフランス軍が撤退したときに日本軍が奪った兵器がすべてそこに保管されていたという。その兵器と日本軍が引き揚げる際に放置した兵器がベトミンにとっては大きな助けになった。皮肉なことに、ベトミンはそれらを使って再びフランス軍と戦うことになるのである。

独立戦争が始まったばかりの頃、極度の人材、物質的不足に苦しんでいたベトミンも戦争中期（一九四七〜五二）には、軍事地図作製、通信、医療、防疫、医薬品製造、武器・弾薬製造などの人材を確保できるまでになったのである。その頃、日本人は軍中枢機関でも働いており、公式には指揮命令権は持たなかったが、「顧問」としてあらゆるところに配置されていた。

ベトミンの独立戦争が勝利に終わった時、日本人の功績が讃えられ、各種の勲賞、徽章を授与された人は三〇人を上回った。一人で一〇種を授与された者もあった。

ベトナムの独立戦争に同情する者は日本人ばかりでなく、フランス、ドイツ、デンマーク、アルジェリア、モロッコなどからベトミンに参加した者がおり、彼等は「国際中隊」と呼ばれて、舞台裏で活躍していた。

ベトナムの北部、中部の人々は独立戦争の勝利を誇りに思っている。長い長い戦争の末の勝利だったのであるから、彼等の歓びは理解できる。

日本は、現在はＪＩＣＡを通してさまざまな支援を継続している。バスの運転手がわざわざ私に教えてくれたハイヴァン・トンネルもしかり。バスの中で会った望月さんもＪＩＣＡで働いていたことがあるとおっしゃっていた。ＪＩＣＡにはシニアの人によるボランティアもある。自分の持っている技術を使ってＪＩＣＡの支援を手伝うのも退職後のすばらしい生き方かもしれない。もしかしたら望月さんもそんなことを考えながら旅をしていたのかもしれない。

❖一杯の梅酒戦後をふりかへり
❖終戦日戻るか居るか板ばさみ

ほんとうのラオス

メコン川の旅

ラオスという国の実情については、私は何一つ知らなかった。二〇〇七年二月、ベトナムを訪れる機会があり、その途中ラオスを訪れることにした。

私はタイのチェンマイに滞在していた。次の目的地ベトナムへ行くにはどうしたらいいか、土地の旅行会社に聞いてみた。

「飛行機で行くのが一番便利ですよ。あっという間についてしまいますよ」

「私は金持のアメリカ人じゃないんです。一番安い方法で行きたいんです」

「それじゃバスと船ですね。まずラオスに入って、それからバスでベトナムに行くんです」

そんなわけで、ラオスに行くことになった。

バスでタイ北部のチェンコーンという町に行き、そこで一泊して、翌日メコン川の船に乗る。途中でさらに一泊してルアンパバーンまで船で行くという片道ツアーがあることがわかった。地元の人がラオスへ行くにはこの行程で行くようだ。

メコン川はタイとラオスの国境を流れ、ラオス領に入るとルアンパバーンを突っ切って南に流れ、首都ビエンチャンに通じている。

ルアンパバーンは世界遺産に登録されているから一見の価値があるだろう。そこで船を降りよう。そしてルアンパバーンを見学したら、バスでラオス北部を突っ切ってビエンサイという町からベトナムに入るという計画を立てた。時間はかかりそうだったが、時間はたっぷりある。そんな旅も面白いだろう。

次の船が出る日に合わせて、チェンマイからバスに乗り込んだ。

ラオスは、古い国でもあり、新しい国でもあるようだ。現在の住民はラオ族という民族で、紀元前五〇〇〇年の昔からアルタイ山脈（西シベリアとモンゴルにまたがる山脈）の近辺に定住していた。時代を経るうちに、他民族に征服されたり、戦争したり、追い出されたりを繰り返しながら、そして何度も王や指導者を代えながら南下を続け、ついに一九七五年、それまで続いてきた王制を廃止して、人民民主共和国を樹立した。それまでの道程は長くて複雑である。いまだに隣国とのぶつかり合いがあり、解決されていない領土問題がある。地理的に、タイ、ビルマ（ミャンマー）、中国、ベトナム、カンボジアと五つもの国に囲まれているからかもしれない。そして海がないから、紛争がおきても逃げ場がない。四方が海に囲まれていて、どこの国とも陸地で接していない日本とは正反対だ。

ゆったり流れるメコン川の船旅は、実に穏やかな気持ちにさせてくれた。

チェンマイから乗ったバスの乗客はほとんど地元の人のようだったが、船に乗ると、半数以上は外国からの旅行者、それもほとんどが白人だった。いったいどこから現れたのだろう。船も相当の年代物だ。何しろベンチの幅が狭い。お尻が半分くらいしか乗らない。しかし、東洋人の私でさえ一日半の旅はきついのに、もっとお尻の大きい西洋人が誰も文句一つ言わないのには感心した。坐り心地の悪い木のベンチで隣の人とぴったりくっつかなければ坐れないほどぎゅうぎゅう詰めにされた。

決して快適とは言えないが、メコン川の水の上の旅は忘れがたい。途中、川沿いの小さな村に一泊した。次の日、乗り込んで来た四、五人のラオス人のバンドが民族音楽を奏で始めたころから、坐り心地の悪さなど、ほとんど気にならなくなった。バンドは、客がラオスのビールである「ビア・ラーオ」をおごるたびに元気になる。水よりも安いので客も楽団もどんどん飲み、一日中歌っていた。お陰で退屈することもなく、午後五時にルアンパバーンに着いた。長かったが楽しい旅だった。

❖楽の音にのりてゆったりメコン川
❖乗り心地悪さ忘れてラオビール

ルアンパバーンの宿

ルアンパバーンの船着き場に着くと、私のようにホテルを予約していない客を狙った客引きがたむろしていた。そんな客引きの中から、改築したばかりの部屋を一〇ドルでと言っている男の後について行った。ホテルはすぐ近くだった。その男は私を案内すると、説明もそこそこに次の客引きのためにどこかへ行ってしまった。

案内された所はホテルではなく、一般の家を旅行者が泊まれるように改築したゲスト・ハウスだった。かなり昔に建てられたもののようだが、床には立派な木が張られている。狭いけれど見たところはまあまあだった。改築したばかりというが、トイレやシャワーなどを西洋人旅行者向けに新たに取り付けただけだ。しかし、部屋はメコン川に流れ込むナムカーン川に面しているので眺めはよい。そこそこの部屋が見つかってよかったと安心した。

荷物をほどき、トイレに入って便器に坐った。とたんにポタリポタリと何かが落ちてくるではないか。びっくりして上を見ると、水が天井から落ちてくる。その時はあまり気にせず、横になって休んだ。それからまたトイレに行った。するとまたもや腰を下ろしたとたんに頭の上からポトリ、ポトリ。それも頭のてっぺんに。いくら忍耐強い私でもこれは我慢できない。どうにかしてもらわなければと、フロントらしき所に行ってみたが誰もいない。掃除人らしき人はいたが、英語が通じない。

外はもう薄暗くなりかけている。暗くなる前に他の所に移ろうと決心し、部屋に戻り、出したばかりの荷物を詰め直し、そのバッグを抱えてゲスト・ハウスの外へ出た。

その辺りの建物は、あちこちでゲスト・ハウスの看板を出している。私はその一軒に駆け込んだ。オーナーらしい中年の男性がいた。

「助けて下さい。真向かいのゲスト・ハウスにいたんですけど、ひどいんです。お宅に部屋は空いていませんか」

「あんた、日本人？ ラッキーだね。最高の部屋が一つだけ空いているよ。一晩一〇ドル」

そうは言っても前の経験もあるので、一応部屋を見せて下さいと言った。いいよ、いいよと言って見せてくれた部屋は、新しい部屋で、トイレ、シャワー付きでベランダもあり、やはりナムカーン川に面していて景色もいい。最高の部屋と言ったのは本当らしかった。すぐそこに泊まることにした。

フロントで記帳していると、日本語で「日本人ですか」と声をかけられ、びっくりした。振り返ると中年の男性だった。

「おじさん、日本語話すんですか？」と日本語で聞くと、「ノーノー、これだけ」と言う。日本語での会話はそれだけだったが、そのおじさんは英語も駄目で全然通じない。すぐ若い女の子を連れてきた。

メコン川に合流するナムカーン川

プーシーの丘から眺めるルアンパバーン
左手の橋のたもとにコールド・リバー・ゲスト・ハウスがある

この「コールド・リバー・ゲスト・ハウス」は、家族全員で経営にあたっていた。最初に会った中年男がお父さん、お母さんが料理の責任者、日向ぼっこをしながら玉ねぎの皮をむいているのはおばあさんらしい。高校生くらいの子供が三人いる。

この宿はこのおばあさんがおじいさんと二人で始め、今は三代目だとのこと。その頃は、空いている部屋を安く貸して、家族がやっと生計を立てていたらしい。間もなく次の世代になり、戦争も終わり、町が世界遺産に指定された頃から外国人もぼちぼち現れるようになった。

五年前のある日、一人のアメリカ人がやってきた。

彼は一晩泊まって、この宿に惚れこんでしまった。「fall in love」と言ったそうだ。それから、彼は毎年訪れるようになり、だんだん長期滞在するようになった。ラオス人は人なつっこく親切だ。よく面倒も見たのだろう。彼は結婚しておらず、両親はすでに亡くなり、身内といえばカリフォルニアにいる妹一人。画家である彼は、タイやラオスなど東南アジアの国々を回って絵を描きながら余生を送っている。ゲスト・ハウスの家族と知り合いになってから毎年来るようになり、少なくても三ヶ月は滞在するのだという。

彼は、改造すればもっと外国人が泊まるようになってお金が稼げるようになると助言した。その頃は一泊一ドルか二ドル、一番良い部屋でも四ドルだったそうだ。しかし、部屋の中にシャワーとトイレを付ければ一泊一〇ドルは取れるという話になり、お父さんもその気になった。見積もりをしてもらうと、建て増しすれば四部屋を宿泊用にできることがわかったが、五〇〇〇ドルもかかるという。その家族にとっては莫大な額でとても無理という結論に達したのだが、アメリカ人画家は、「そのお金は僕が出してあげるよ」と申し出た。ただし、彼が生きている限り、一年に三ヶ月無料で泊まらせてもらうことが唯一の条件だと。ただし食費は別に払うという。

ゲスト・ハウスの壁には、このアメリカ人画家の作品が描かれていた。ちょっと場違いだなと思うほど上手だ。

私が泊まった時、偶然そのアメリカ人が滞在していた。彼はジェイムスという名で、サンフランシスコ出身だという。彼は意気揚々と、「もう一つプロジェクトがあるんだ」と言った。それは、屋敷内のコンクリートの塀に観光客のためにルアンパバーンの挿絵入り案内図を描くことだという。毎日その下絵を書くのに忙しそうだった。確かに、旅行者には地図があったら便利だ。毎日夕方になると、学校から帰ってきた近所の子供たちが、下絵の批評をしたり、絵の具をかきまわしたりして大騒ぎしていた。

このゲスト・ハウスには、もう一つ他のゲスト・ハウスと異なることがあった。それは、日本人の客が多いことである。旅行ガイド『地球の歩き方』で紹介されているからだろう。最初に泊まった人が気に入って出版社に投稿したのかもしれない。本に掲載されてから日本人の旅行者が絶えないようだ。私はたまたま飛び込みで宿泊できたが、大抵の日本人は前もって予約を入れて来ているようだ。見ていると、日本人の客が出たり入ったり、忙しい。入口の外はベランダのようになっていて、長いテーブルと立派な木の長椅子が置いてある。そこに毎日夕方になると日本人がたむろして、ビールを飲みながら話をしている。

「これ見なさいよ」と言って、宿の主人が持ってきてくれたのは、「ルアンパバーン観光情報ノート」というタイトルの一冊のノート。全部日本語で書かれている。厚さ一センチほどのノートで、それが二冊もある。そこには、ルアンパバーンで見たこと、聞いたこと、見逃してはいけないこと、やってはいけないこと、やった方がよいこと、便利なこと、知っておくべきことなどなど、ありとあらゆる情報がびっしりと書かれている。ただ読むだけでも一晩では終わらないほどである。日本人は、とてつもなく親切なのか、他人思いなのか、何か新しい経験などをすると書かないではいられない性格なのか。

「英語版はないの」と聞くと、「あるよ」と言うので見せてもらった。やはり同じようなノートだった。しかし、たった二人のイギリス人しか書いていない。最初の書き手は、日本人の真似をして、後から来る人のために役に立つことを何でもいいから書きましょうと提案している。二人目は、どこどこのパブは十二時過ぎでもやっているとか、ここのゲスト・ハウスの門限は十二時だけれど、閉まった門をどうやったら開けられるか、などが書いてある。その二人だけで後が続いていない。

❖笑みあふれ川端の宿鳳仙花
❖河縁の宿のもてなし莢隠元

托鉢嫌いのお坊さん

ルアンパバーンは世界遺産に登録されただけあって、美しい建物や寺院（ワット）がたくさんある。その他に、モン族によって始められたナイト・マーケットもある。もう一つ有名なのは、お坊さんたちの托鉢である。朝六時には托鉢に出ていたそうだが、世界遺産に登録されてからは、観光客のことも考慮したのか、七時からとなったそうだ。なかには、観光客の通る道を避けてこれまで通りに托鉢しているお坊さんもいるらしい。

私も観光化された托鉢の行列など見たくない。列をなして歩いてくるお坊さん達とは反対方向へ歩いた。あるワットの近くを通ったが、中には誰もいない。それもそのはず、みな托鉢に出かけているのだから。ワットには寮のような建物がならんでいる。近くにはシャワーを浴びる所があり、あちこちにオレンジの衣が落ちている。あわててシャワーを浴びて托鉢の用意をしたらしい。五、六歳の見習い坊さんもいるようで、地面に散らばっているオレンジの小さな衣が痛ましかった。

さらに歩いて行くとパクカーン寺院があった。そのワットは釈迦の足跡を祀ってあるというので興味がわき、立ち寄ってみた。釈迦の足跡は石段を八〇段ほど上がった小さな祠にあった。どのように保管されているのか、中をのぞいて見ると、二つ三つ大きなくぼみがある岩が置いてある。これが釈迦の足跡なのか。大きすぎる。象の足跡よりも大きいのだ。人々が信じているのならそれでよいのかも。

ワットのある丘を下りていると、オレンジの衣のお坊さんが話しかけてきた。「ネズミ！」と聞こえた。確かに日本語だった。お坊さんは丘の絶壁の下の方を指さしている。そんなところにネズミなんかいるはずはない。絶壁の上からは岩か木々の小枝か薮しか見えないはずだ。そのお坊さんはさらに何か言ったのだが、何を言っているかわからなかった。

「あなたは日本語が話せるの」と聞いたら、「ちょっとだけ」と言う。「あなたは日本人ですか」とか「ルアンパバーンは好きですか」とかニコニコしながら質問してきた。名前はクンチャイです、と自己紹介もした。私も日本語でいろいろ聞いてみたが結局何も通じないので、会話はすぐ英語に切り替わったが、クンチャイのしゃべること、しゃべること。彼は英語の方がずっと上手だった。

日本語はともかく、英語はどうやって学んだのだろう。こんな所で、英語と日本語で会話ができるなどとは思わなかった。

このお坊さんは十八歳の高校三年生。六歳の時からワットにいるので、飽き飽きしていること、ボスのお坊さんのいじめにあっていることなどを話す。毎朝四時起床で、それに遅れると水をかけられるらしい。だから一日も早くボスから逃げたいのだという。今朝も、托鉢の列か

にぎやかな
ナイト・マーケット
食べたいものを
自由にチョイスし
て重さを計って料
金を支払う

ら離れてこのワットに来たそうだ。

「あんなに托鉢しても、信者がくれるのはほんのひとつまみのご飯。ワットに帰ってきてからみんなで分けて食べるけど、それじゃ足りないんだ」

ワットにいるお坊さんは、一日二回の食事なので、朝食はしっかり食べたい。

「もらうのはご飯だけということは、ご飯しか食べないの？」と聞いてみた。

「アハハ、おかずは自分達で作るんだよ」

「だけど野菜とか買うお金はどうするの？」

「小遣いで買うんだよ」

「小遣いって誰がくれるの？」

「大抵親がくれるんだ。僕の場合は、親がいないから誰からもお金がもらえないけどね。時々アメリカ人の観光客がご飯の代わりにお金をくれるんだ。この前五〇〇〇キープもらったんだ。五〇〇〇キープだよ。うれしかったなあ、あの時は」

五〇〇〇キープは約五〇セント。普通の労働者が一日働いて稼げるお金が一ドルなのだ。だから五〇セントは何も働かないでもらえるお金にしてはかなり大きい。

「うれしかったなあ」という言葉が私の耳元でこだました。親がいないと聞いて私はますます彼に興味をもった。

「死んじゃったんだよ。お父さんは象使いだったんだ。だから僕が小さい時には家に象がいたんだよ。だけど、僕が六歳の時お父さんは象に踏みつぶされたんだ．その後、象は売ってしまったけど」

「まあ……」

「それから五年ぐらいしてお母さんも病気で亡くなってしまって……僕は孤児なんだ。僕の家はお父さんがいなくなってから生活がきびしくなって、六歳の時からワットにあずけられた。いや僕が希望して行くことにしたんだ。四歳上のお姉さんがいるけど、面倒かけるの悪いだろう？　それに、ワットに入れば、田畑で働かなくてもいいし、勉強もさせてもらえるし……。僕は勉強がしたかったんだ。最初は家の近くのワット。それから別のワットに移って、五年前にルアンパバーンに来たんだ。今高校三年生でもうすぐ卒業。このままワットにいることも出来るけど、僕は大学に入りたいんだ」

「ワットにいながら大学に通えないの？」

「仏教の勉強をすれば大学に行けるけど、他の科目を勉強する場合はワットを出なければならないんだ」

「じゃ、仏教の勉強はしたくないのね？」

「もうずいぶんしたからね。他の勉強をしたい。英語も日本語も勉強したい」

「大学では何を専攻したいの？」

「化学を勉強して高校の先生になりたいんだ」

感心な子だ。私も昔は教師だったので、先生になりたいという子供に出会うとうれしい。

「だけど、僕は大学には行けないよ。孤児だから。誰もお金を出してくれる人がいない。タイに行けば、ワットから大学に通って仏教以外の勉強もできるって聞いた。だから、タイに行きたいんだ。だけど、タイに行くにはパスポートが必要だし、それを作るのに七〇ドルかかる。それにバス代が三五ドルはかかる」

ワットにいながらよくそんなことまで調べたと感心した。

「そのお金は僕にとっては大金なんだ。お姉さんが半分は出してくれるって言ってるけど、後の半分はどうすればいいかわからない。坊さんは働いちゃいけないことになっているから」

だんだん話が深刻になってきた。

「ねえ、僕のお母さんになってくれない？」

突然クンチャイは無邪気な声で言った。

「僕はお母さんが欲しい。お母さんがいれば、大学へ行けるんだ」

話がとんでもない方向に向かっている。ラオス人の十八歳の男の子のお母さんにはなれない。それにこの子はお金持ちのお母さん、大学へ行く費用を出してくれるお母さんが欲しいのだ。

「私はアメリカでは金持ちでも何でもないのよ。離婚してるし、退職してるし……」

そうは言ってはみたものの、大学に行って勉強して先生になりたいと言っている若者を前にして、できれば助けてあげたいと思った。こんな時、ああそうかい、お金が欲しいのかいと、パッと出してあげられる身分だったらいいのに……。

頭の中で、いまお金の余裕がどれだけあるか、これからラオス北部、ベトナムへ行く。どれだけお金がかかるかわからないが、何とかならないか計算してみた。

「私はあなたのお母さんにはなれないけど、パスポートを取って、タイに行くバス代ぐらいは出してあげられるかもしれない」と言ってしまった。

その言葉を聞いた途端に、それまでの悲しそうな顔がニコニコ顔になった。

「お母さんになってくれなんて言ったけど、初めて会った人にそんなことは頼めないよ。パスポートを作ってもらうお金と、バス代を出してもらえれば、タイに行ける。もう行っている友達もいるから、いろいろ助けてもらえる」

本当にうれしそうに言う。私もうれしかった。

まだ朝食前。その日の夕方五時に同じワットで会う約束をした。


その日はルアンパバーン最後の日だったから、名所は見逃さないように一日中足を棒にして歩き、最後に宮殿（現在の国立博物館）を訪ねた。一九七五年の人民民主共和国設立までいた最後の王が、家族と共にフランスへ渡り、そこで亡くなり、ラオスにはとうとう帰って来なかったという悲しい話がルアンパバーン観光の最後になった。

夕方五時、約束通りパクカーン寺院に赴いた。クンチャイにはだまされているような気もするし、真剣に勉強をしたがっているような気もする。半信半疑ではあったが、とにかくパスポート代七〇ドル、タイに行くバス代三五ドル、それに必要経費を足して一五〇ドルを紙に包んで持っていった。クンチャイも約束の時間きっかりに現れ、私から紙の包みを受け取るとそれをすぐショルダー・バッグの中に入れた。そして、「どうもありがとう、さようなら」と言って、小走りに立ち去った。

私は暗くなりかけた寺院の庭に佇んで、去って行くクンチャイの姿をいつまでも見送っていた。ずいぶんあっさりとしているので、やはりだまされたかなとも思ったが、信じてあげることにした。

❖オレンジの花咲く都ルアンパバン

❖オレンジの夜の僧ら夜明け前

不発弾のある町　ポーンサワン

パクカーン寺院からの帰り道、ぐったり疲れていた私だが、ふと目に止まった足のマッサージの店に入った。

ほかに客はいなかった。マッサージをしてもらいながら、ほっこりした気持ちにひたってうつらうつらしていると、客の一人が話しかけてきた。

「気持ちがいいですよね」

「ええ。今日は特に足が疲れてしまって」と私はぼんやり返事をした。

声をかけてきたのは、私のあとに入ってきた客で、イギリス人の女性だった。ジャネットだと自己紹介された。私は疲れて、眠くて、頭もぼんやりしているのに、ジャネットはシャキシャキしている。

「ルアンパバーン、楽しみましたか？」

「え、え……」私の頭はまだぼんやりしている。

「ルアンパバーンは何度来てもいいですよね。美しい町だわね」

「そうですね」

「私も初めて来た時、あまりの美しさにびっくりしたの。この国を知れば知るほど魅力がわかって、イギリスに帰れなくなってしまったの」

「えっ？」

「もう五年になるかしら。五年前に観光客としてラオスへ来てから、ラオスに fall in love しちゃったの」


ラオスってそんなに魅力のある国なんだろうか。ルアンパバーンの町が美しいというのはわかる。フランス領だった頃ここに副領事館があったからか、街全体にフランスの影響を強く感じる。フランス領になる前はルアンパバーン王国があり、当時の宮殿が今も残っている。その建物もすばらしいし、ワット・シェントーンもラオスで最も美しい建築と言われている。

ジャネットがこんなことを言った。

「なるべく多くの人達に知らせたいんですよ。ベトナム戦争中、このラオスで何があったか、この美しいラオスでアメリカが何をしたか、全然知られていないんです。アメリカは今でも自分たちがしたことを認めてないし、もちろん詫びてもいないし、この愛すべきラオス人へ与えた被害を償おうともしない」

私の頭もだんだんはっきりしてきた。私も何も知らなかった一人だ。

「私は、ラオスに残って観光客にそのことを伝えようと思ってガイドを始めたのよ。実は、今日も二〇人ほどのヨーロッパからの観光客を案内してきたばかり。眠る前に足のマッサージを

ワット・シェントーン

ワット・シェントーンの
金塗りの霊柩車
1960年のシーサワン
ウォン王の葬儀で使
われた

してもらってからホテルに戻ろうと思って……。明日はポーンサワンに発つ予定だけど、あなたは？」

私もポーンサワンに行くと答えた。

「そう、じゃね、ポーンサワンにインドのレストランがあるの。明日の夜、九時からそこでみんなで映画を見るのよ。よかったら来ない？　映画の題は『秘密戦争』って言うの。ポーンサワンには、インドのレストランは一つしかないから絶対に間違わないわよ」

私は、ポーンサワンで特に予定があったわけではなかったので、喜んでその招待を受けることにして、ジャネットと別れた。

翌日、ローカル・バスで、ラオス人に混じってポーンサワンに向かった。ルアンパバーンからバスで八時間。ポーンサワンまでの道路は、戦争中ひどい爆撃を受けた地域なので、外国人観光客はバスでは行きたがらないようだ。ベトナム戦争が終わってから三〇年以上もたつというのに、まだ現政府に反対する人達がいて、時々バスを襲うそうだ。昨年もバス襲撃事件があったので、ローカル・バスには必ず兵士が一人乗り込むようになったそうである。

ラオスにとって、外貨をかせぐ一番手っ取り早い方法は観光事業である。まずバスの道路作りから始めた。アスファルトの道路は広くて立派なのだが、その他の設備がまだ何もない。ドライブ・インなどはまだ夢の話だ。

途中バスがエンコして二時間も待たされた。ラオス人は忍耐強い。誰も文句を言わないし、

「早くしろよ」などとせきたてる者もいない。道路の端にかがみこんでじっと待っている。二月だったからよかったが、真夏だったら大変だ。日陰になるものは何もないのだから。

そこは住宅地のようだが、家はまばらにしかない。レストランもないし、トイレもない。ラオス人はちょっと離れた藪の陰で用をすませるが、藪は小さく、体を隠せるような繁みにはなっていない。私は、まばらにある人家の戸をたたいた。ラオス人はやさしい。ノーとは絶対に言わない。その家は、たまたまトイレがドア付きで外にあったので使わせてもらった。

あたりはだんだん暗くなってきた。もし反政府ゲリラが襲ってきたらどうしよう。銃を持った兵士が一人ぐらいいたってとてもかないっこない。皆殺しにされるかもしれない。

ハラハラしているうちに、バスのエンジンがかかった。心底ホッとした。やがて、バスに戻るようにとの運転手の声で、乗客はもとの席に戻った。

バスはそれから一時間もかからずに目的地ポーンサワンに着いた。すぐホテルの客引きが群がってきた。安くもなく高くもないホテルがいい。「新しく出来たばかりだよ」と叫んでいる若い男と交渉し、ホテルまで連れて行ってもらった。

ホテルに落ち着くともう八時。すぐホテルを出て、インドのレストランを探した。

ポーンサワンは、かつては家もまばらな片田舎だったようだが、今は広いアスファルトの道路が町の真ん中をつらぬいていて、ホテルや店やレストランが道路をはさんで並んでいる。

さがしていたレストランは私の泊まっているホテルのすぐ近くにあった。間口三間、奥行五間ほどのこじんまりとした店だ。私は野菜カレーを注文しジャネットを待った。

九時が近づくと、ぞろぞろと人が入ってきた。二〇人ぐらいのヨーロッパからの旅行者のようだ。ほとんど女性だったが、その中にジャネットがいた。彼女は私を見て軽く会釈した。

やがて、何の前触れもなく、レストランの隅にあったテレビにスイッチが入れられ映画が始まった。『Secret War』という題名のドキュメンタリー映画だった。旅行者たちは口をもぐもぐさせながら画面に見入っていた。

ベトナム戦争は、アメリカの資本主義経済体制が、当時台頭しつつあった共産主義の力に押しつぶされないかという恐れとの戦いでもあったようだ。表向きには、アメリカは北ベトナムの共産党を敵とし、ベトナムで戦争をしていたのであるが、ラオスには、ベトナムに同調するパテトラオという共産党政権が成立し、ベトナムに協力するようになっていた。特に、ベトナムと国境を接する北部山林地帯でそうした活動が活発になった。協力の一つとして、ベトナム兵士と共産党のリーダー達を大きな洞窟にかくまっていた。兵士の数は一万人もいたという。その洞窟は私が行く予定のビエンサイという村のはずれにあった。映画では、洞窟の内部のシーンはなく、アメリカの飛行機が爆弾を落とすシーンが多かった。

ラオスは表面的には中立国だったが、山中に隠れたベトナム兵を殺すという名目でアメリカはラオスに爆弾を落とし続けた。その際アメリカは、自分の手を汚さず、ラオスに住むモン族の若者をさらって他国で訓練し、パテトラオと戦わせたという。

モン族は紀元前一五〇〇年頃から東南アジア近辺に定着していた民族とされており、東南アジアの少数民族ではマニ族についで古い民族といわれている。紀元前三〇〇年頃には、スワンナプーム王国を建国し、六世紀頃から十一世紀頃まで東南アジアで繁栄した。それから、ドヴァーラヴァーティー王国、ハリプンチャイ王国、タトォン王国、ペグー王朝を次々と建設していったが、一七五七年に新参のビルマ人、タイ人の勢力におされて王朝は倒れた。その後、モン族は南下を続け、タイとビルマの国境近辺に居住するようになった。

イギリス植民地時代のビルマではモン族はイギリスを支援した。イギリスが撤退すると、独立を主張したが認められず、軍事政権による取り締りの対象になった。ベトナム戦争末期には、アメリカの誘いにのって、村全体がアメリカ側に協力したことにより、結果的に家族も含めれば二〇万人ものモン族が戦死してしまった。ベトナム戦争を通してのアメリカ側の犠牲者が五万八〇〇〇人となっているから、モン族の犠牲者がいかに大きいかが分かるだろう。

当時のラオスに関わっていたアメリカ人はＣＩＡ二二五人だけで、戦うのはモン族だった。アメリカはモン特殊部隊をつくりモン族に戦わせた。モン族はアメリカＣＩＡの秘密工作に完全に翻弄されてしまったのだ。戦死したモン族兵士の数は一万人以上というから、相当な数のモン族が動員されていたのだろう。そして落とされた爆弾の数は正式には公表されていないが、アメリカが第二次世界大戦で落とした爆弾の総数よりも多いという。特にホーチミン・トレイルと呼ばれる、北から南に走る道路沿いに集中的に落とされた。その道路は北と南を結ぶ唯一の道路で、戦争用の給油ルートだったからだ。しかも、軍民問わない無差別攻撃だったから民間の被害も多かった。

ラオスに落とされたのはただの爆弾ではなかった。新しく開発された「ボンビー」といわれる爆弾であった。ボンビーは、三メートルの長い爆弾の中に約一五〇個の小さい爆弾がつめ込まれていて、着弾と同時に周りにはじき出された。被害が広範囲に及ぶ恐ろしい威力の爆弾で、これが多量に落とされたのだ。二五〇〜三〇〇万トンの爆弾が投下され、そのうちの二〇万トンが不発弾として土の中に深く埋まり、残ってしまった。

問題は、中に詰まっていた小さな爆弾の不発弾が何かの拍子に爆発することだ。戦争が終わって三〇年以上もたった今でも爆発し、死んだり怪我をしたりする事故が絶えない。野球の球よりちょっと大きいぐらいの爆弾はボールと見間違えしまう。手にとって遊んでいるうちに爆発するというケースが多い。

私自身は政治にあまり興味がなかったのと、ベトナム戦争時代は二人の子供の育児に追われていたから、こんなことがあったことを何も知らず、ただただ驚いた。アメリカがラオスでやっていたことはＣＩＡの独断であり、「秘密戦争」と呼ばれているとのこと。そのため、アメリカに協力したにもかかわらず、モン族はアメリカ政府から厚遇を受けることはできなかった。米軍が一九七五年に撤退した時、モン特殊部隊は見捨てられた。それどころか、ラオスが社会主義国家として独立したため、ラオス政府から迫害を受けるようになる。彼らは「ボート・ピープル」となってアメリカに逃れたが、そこでもただの難民としてしか扱われず、さらに苦労することになる。

映画が終わった。感想を話し合うこともなく、集まった人はレストランのオーナーにお礼を言って帰っていく。私もジャネットに「ありがとう」と言って外に出た。彼女は、「この町には、不発爆弾（UXO-Unexploded Ordenance）をきれいにする団体─MAG（Mines Advisory Group）─があるから、明日行ってみたら」と私の耳元でささやくと、闇の中に消えていった。

私の泊まっているホテル「白蘭」はこのレストランの近くだった。マネジャーらしき人がドアを開けてくれた。中国人ではないかと思ったが、モン族だと言う。モン族について研究されている宮本神酒男氏によれば、モン族の信じている仏教は日本と同じ上座部仏教であり、稲作民族で、移動を強いられた時には常に稲の苗を持って移動したといわれるくらい、文化的にも日本人に似たところがあるとのこと。

宿のオーナーは戦争が終わるとすぐアメリカに行き、一生懸命働いてお金を貯め、三年前に帰って来てホテルを建てたという。

「アメリカで何をして、ホテルが建てられるだけのお金が貯められたんですか？」

つい、ぶしつけな質問をしてしまった。

「お金も多少は借りましたけど、これぐらいのホテルは一〇〇万円もあれば建てられるんですよ。そんなに高くないですよ」と軽く受け流された。

しかし、家具などもかなりしっかりした木を使っている。アメリカの安モーテルなどよりはずっとしっかり建ててあって、趣味も良い。

「明日はどこへ行くんですか。ツアーをアレンジしてあげますよ」
そう言ってパンフレットを二、三枚持ってきてくれた。彼の英語はどうにか通じる。この町はちょっと歩いただけではどこに観光スポットがあるのか見当がつかない。タクシーもバスも走っていないという。彼にアレンジをお願いすることにした。ポーンサワンの観光は一日で十分のようだ。観光の目玉は「ジャール平原」とモン族の村で織物を見ることくらいだという。

翌朝、ツアーのミニバスが九時きっかりに来た。ツアー・グループは、子供づれのスイス人家族と私の四人だけだった。彼らは前日の午後、ジャール平原に行っているので午前中だけ参加するという。

最初に行った織物工場は家族経営の小さな工場で、展示物も貧弱だった。観光客に見せるというよりは、ラオスの現状を見せたかったのかもしれない。

次に訪れたタム・ピウ洞窟は、戦争が始まった時村の全員が洞窟に隠れて生活していたのを、アメリカが発見し、そこにナパームを投げ込んで、中にいた全員が死んだという洞窟である。大きな穴がポッカリと開いていたから簡単に見つかってしまったのだろう。それにしても三七五人もの村人が一人残らず死んだという話は悲しい。こういう話は沖縄ばかりではないのだ。洞窟の側に遺品が展示されていたが、ここを訪れる人も少ないようだ。ラオス人も戦争のことは忘れたいと思っているのだろうか。

モン族の村は、泥土の上に粗末な家が建っていた。村人も、豚も鶏も痩せていた。空《から》になった爆弾を立てかけて庭の仕切りにしているのには驚いた。鉄を強い建築材料として再利用しているのだ。爆弾の殻は売っても結構なお金になるので、皮肉なことに重宝な資源となっている。この村にもたくさんの爆弾が落とされたのがよくわかるが、仲間を殺した爆弾の殻をひろってきて、野菜や花を植える植木鉢に使ったり、納屋の柱にしたり、庭の垣根に利用したりしているのを見ると心が重くなる。

英語の上手な若いガイドさんは、そんな話を誇らしげに説明しているが、村人のしたたかさに感服しているのかもしれない。

「この辺でも、不発爆弾にやられる人がいるんですか」と聞いてみた。こちらから聞かなければ説明しないかもしれないと思ったからだ。

「そんなケースはたくさんありますよ。この村の人達が貧乏なのは、土地はあるのに、いつ爆発するかわからない爆弾が残っているからです。危なくて農地を広げることができないんですよ。先週、私の叔父が庭で花に水やりをしている時に爆弾が爆発しました。叔父は、もう一生働けないほどのひどい怪我をしたんです」と淡々と言う。その叔父さんはまだ四〇代の半ばという。親戚にそんなひどい目にあった人がいても憎しみの感情はおきないのだろうか。

このツアーで得難い体験をした。スイス人家族の中に盲目の子供がいた。十一歳のその女の子は実に明るい。何でも見えているように、豚を見ては笑い、鶏を追いかけている。時にはラオス語も話す。スイスでは身体障害者への差別はなく、それが彼女をのびのびと素直に育てた

モン族の村

積み上げられた爆弾の殻。よく見ると小屋の柱も……

たくさんの石壷が並ぶジャール平原

米軍の空爆で崩壊した
ワット・ピアワット

ジャール平原のガイドさん

のだろうか。ラオス人のガイドもくったくなくその女の子とおしゃべりしている。

午前中のツアーの最後に温泉に入った。日本人の私はもちろん喜んだが、スイス人の家族もみんなで入浴を楽しんでいた。その温泉は、小川の大小の岩の間からわずかにお湯が湧き出ている程度のものだ。地元の大人も子供も入りにくる。入るというより浸るという表現の方が当たっているかもしれない。私達は水着だったけれど、地元の人たちは布を体に巻き付けて入る。湯が出ているのは二、三ヶ所でそれほど熱くない。量もひたひたなので、お湯に入っているのはごくわずかの間で、あとは、冷たい川の流れに身をゆだねる。地元の人は我々に入れ入れとすすめてくれた。温泉を楽しむのは日本人だけではないのだ。

温泉の後、スイス人家族は宿に戻り、私一人になってしまった。私はガイドの青年の案内でジャール平原に向かった。

ポーンサワン近辺の第一の観光地はこのジャール平原だろう。観光客は多かったが、歩いてもよい区域は制限されている。不発爆弾を完全に除去した安全区域だけである。すぐ近くにパテトラオの空軍の給油所があったので、戦争中の五年間、ジャール平原には毎日ボンビーが五、六発落とされていたのだとガイドは説明する。だからどんなに掘り起こしてもまだまだ不発爆弾は出てくる。司令部があったところには直径一〇メートルもある穴が開いている。ラオス人は、大きな穴を埋めるなんて無駄なこと、水を張って魚を飼うほうが賢いと考えているらしい。しかし、まだ魚はいなかった。

ジャール平原を有名にしたものに石壷がある。二〇〇〇年も前からここにあるという。直径一メートル、高さ一～二メートルもある大きな石壷である。石と呼ばず石壷と呼ぶのは、大石の真ん中が空洞になっているからだ。中に何かを保管できる壷のような石なのだ。昔は墓石だったという説もあるが、定説にはなっていない。何のためかは未だに解明されていないのである。たくさん爆弾を落とされた割には石壷への害は比較的少なく、現在でも二八〇個近くの石壷が見られるというのは奇跡であり、石壷の魔力だとガイドは誇らしげに説明した。無数の大きな石壷を一ヵ所に集めるのは、体の小さいラオス人には大変だっただろう。昔、そんな大石を軽々と運べる大男が住んでいたというラオスの民話がある。

❖ポンサワン見えども入れぬ野原かな
❖石壺の歴史語りし重さかな

第二の妻になって下さい！

このツアーを紹介してくれたのは、ホテルの従業員だった。背が低く礼儀正しいモン族の青年は、独学で英語を勉強したそうだ。とてもわかりやすい英語だ。しかし私を質問攻めにするのには恐れ入った。

「結婚はしているの？」「夫はどうしたの？」……。

私が一人で旅をしているから興味があるのだろうか。夫はもう死んだと答えると、「じゃ、またいつかは結婚したいのか？」と聞いてくる。「もちろんよ」と答えると、今度は「どんな男が良いのか」「若いのは駄目か」「ラオス人じゃ駄目か」等々。挙げ句のはてには、自分ではどうかと聞いてきた。冗談かと思ったが、真剣な様子なのである。

「ワタシは結婚して、一歳の子供がいるけど、外国人と結婚したいんです。特にアメリカ人と。アメリカ人はお金持ってるでしょう？」

「結婚しているならダメでしょう。あなたはイスラム教徒なの？」

「いや、ワタシは仏教徒です。でもラオスでは何人と結婚してもいいんですよ。結婚した相手の面倒をちゃんと見れば。ワタシはちゃんと面倒見るつもりです。ワタシの妻も、毎月お金を送ってくれれば、誰と結婚してもいいって言っています。ここは、生活が大変なんです。妻は家で織物をしてるけど、一日中働いても、せいぜい一万キープ（約一ドル）しか稼げないんです。それじゃ、子供の教育も出来ない。ワタシはこのホテルで働いても大した給料なんてもらってない。もっと生活をよくしようと思ったら、アメリカ人と結婚するしかないんです」

「そう、でもその相手は私じゃないでしょ？」

「どうして？　ワタシじゃいやですか？　大事にしますよ」

「私はあなたのように若くないし」

「年なんて問題じゃないですよ」

「それに私はお金持ちじゃないし」

「でもラオス人よりはお金を持ってるでしょ？　だから旅行できるんでしょう？　助けるつもりで結婚してください。今、ラオスの男性と結婚するアメリカ人が多いんですよ。この町でももう三人結婚しました。みんなうまくやってますよ。だから……」

　おしゃべりは延々と続く。逃げ出すのに大変だった。

　戦争は終わったが、仕事が見つからない人は多い。女は織物、男は観光業以外何もない。モン族はアメリカに協力したので、政府の役人になるのは難しいだろう。独立後は、戦争時に敵だったか味方だったかに関係なく、差別をなくし、協力して国を立て直しましょうというスローガンがあるが、それは表面だけのことで、実際にはモン族はラオス社会に受け入れられているとはいえないのだ。

ジャール平原で不思議な石壷を眺めて、さわって、大いに感心して宿に帰ったのだが、お腹がへっているのに気づいて近くのレストランに飛び込んだ。

客はラオス人しかいないレストランだったが、お腹が空いていたから何でもおいしかった。その日の出来事を思い出しながら食事していたら、あのモン族の青年が私を見つけて近づいてきた。

「ああ、やっとみつけた！」

「ツアーから今帰って来たばかりなの。あなたも何か食べる？」

「いやお腹は空いていません。急用で家に帰らなきゃならなくなったんです。それであなたも一緒に連れて行きたい。ワタシの妻に会いたくないですか？　ワタシの子供に会いたくないですか？」と真面目な顔で言う。

「そりゃ、会いたいけど……」

会いたいというのは本心だった。このラオス人がどんな村に住んでいて、どんな家で、どんな奥さんと子供に囲まれて生活しているのか、興味があった。

「でしょう？　だからいますぐ行きましょう。妻と子供に会って欲しいんです」

「今すぐ？」

「そう、近くだから。一キロもない。ワタシのバイクに乗って行けばすぐですよ」

ラオスで普通の家を訪問する機会などめったにあるものではない。行ってみたいと本気で思ったが、待てよ。この男、お金のために私と結婚しようと言っていた。ついていけばオーケーしたことにならないか。

「サンキュー、だけど、ツアーから帰って来たばかりでとても疲れているからよしておくわ。次の機会に連れて行ってちょうだい」

しかしその青年は、「行こう、行こう」と、しつこく一時間も粘っていた。結局、私は行かなかったのだが、こんなことをしなくてはならないほどモン族の人たちは生活に困窮しているのだろうか。

宿に帰ると、どっと疲れが出て、すぐ寝てしまった。

❖疲れ消ゆ夏の終わりのラオビール
❖旅の後何はともあれラオビール

ベトナム戦争の残骸洞窟を見る　ビエンサイ

ポーンサワンからバスに乗り、サムヌアに行き、そこで二晩泊ってからまたバスに乗ってビエンサイという村に来た。ここはベトナム国境に最も近い町である。ここからベトナム行きのバスに乗るのだ。それに、ベトナム戦争の時に使っていた洞窟がたくさんあるということを聞いたので、その洞窟も見たかった。

ラオスの共産党パテトラオが結成されたきっかけはフランスからの独立運動だったようだ。独立運動のノウハウをベトナムの共産党に教えられ、中国の共産党に戦い方を特訓されて、自国の独立運動をしていたが、ベトナム戦争が激しくなるにつれて、ラオスの独立運動はベトナムに加担するようになり、自分達の司令部だった洞窟をベトナムに提供した。一つの洞窟に三〇〇〇人ものベトナム兵をかくまっていたこともあった。ベトナムの共産党はビエンサイの外れにあるいくつもの洞窟にこもってアメリカと戦っていたのだ。

ビエンサイには高い山々があって、実にすばらしい景色を作っている。大きな工場もなければ高速道路も通っていない。静かな町なのだ。きっと観光地としてにぎわっているのだろうと思ったが、観光客はあまり見かけなかった。

ホテルも大きなものはなく、安普請の宿屋しかない。お金のある人はサムヌアのホテルに泊って日帰りで洞窟の見物に来るらしい。バスでベトナムへ行く人しかビエンサイには泊まらないようだ。私の宿の客もほとんどがバック・パッカーのバス利用者らしかった。

ビエンサイの観光は自転車だ。政府の役人が自転車で観光案内をしてくれる。数えきれないほどの洞窟をどう見ればよいのか、洞窟がどういう風に使われていたのか、案内人がいなければ全くわからないのでありがたかった。

「英語がじょうずなのね。アメリカに行ったことあるの？」

「いや、全然ないけど、ラオスの英語学校へ行ったんだ。僕の家は貧乏だったから学校には行けなかったけど、あるアメリカ人が援助してくれたんだ。とても感謝してるよ」

「その人は今ラオスにいるの？」

クンチャイのことが思い出された。

「昔ラオスにいたけど、今はタイの大学で教えているって」

その人に会えたら、ラオスの教育事情について教えてもらえるかもしれないと思い、連絡先を聞いておいた。

朝の九時から夕方五時まで一日かけて洞窟巡りをした。それでも見られたのは五つだけ。その他にも小さな洞窟は無数にあるらしい。

五つの洞窟では、ただただ驚くばかりだった．自然の洞窟を更にくりぬいて人間が生活できるようにしてある。ベッドルーム、台所、トイレなどもある。台所は洞窟の外にもあった。

ビエンサイにはゴツゴツした岩山が多い

投下された爆弾の跡がくぼみになっている

洞窟の入口

洞窟の中

当時の国家元首が
使っていたベッド

アメリカ軍が夜は爆撃しないことを知っているので、料理は夜、外でしたという。ガス攻撃されることを想定して一〇人は入れる部屋（エマージェンシー・ルーム）も作ってあった。完全密閉の部屋の隅には、ソ連製の手動式酸素吸入ポンプも備え付けられていた。共産党のリーダーが家族で住んでいた洞窟には、外に出て読書ができるようにベランダがあり、椅子なども置いてある。

サーンロット洞窟の中には「地下劇場」があった。石灰岩の崖を大きくくりぬいた巨大空間で、五、六百人は入れそうだ。ここでさまざまな娯楽を愉しんだようだ。このほか、会議室、病院、学校まで洞窟の中に作られていた。

洞窟の周りの畑には無数の大きな穴が開いていた。落とされた爆弾の多さがわかる。

ビエンサイには二晩泊った。山の好きな人はロック・クライミングをしたくなるだろうが、ここにも不発爆弾がまだ大量に残っているから危険だ。ラオスから不発弾が完全に除去されるにはまだ数百年以上もかかるという。

❖洞窟の石斛の花ビエンサイ

二日後に小型のローカル・バスでベトナムに行くことになった。ラオス人に混じって、ヨーロッパ、アメリカからの若いバック・パッカーが九人いた。私を入れて一〇人。スーツ・ケースで旅行をしているのは私一人だ。そのほか十人ぐらい地元のラオス人かベトナム人かが大きな荷物をふろしきのような布に包んで乗り込んできたので、バスはぎゅうぎゅう詰めになった。

クンチャイを助けてあげたい

ベトナムに入ってからも、時々メールチェックをした。ルアンパバーンのクンチャイからのメールが入っていた。クンチャイが言うには、私から受け取ったお金が盗まれたという。一五〇ドルといえば大金のはずだ。いったいどうしたのかと返信して聞いてみた。

「ラオスのワットの寮の事情はひどいもので、何でも盗まれるんです」

「それじゃ、お金なんてあげられないわね」

「誰が盗ったのか、大体わかってる。同じ寮に寝泊まりしているモンク（坊さん）です。もうパスポートも作れないし、タイにも行けない」

「じゃあきらめるしかないわね。これ以上のことは私にはできないから」

私は正直がっかりしてしまった。

「僕はお父さんもお母さんもいないんです。どうか僕を助けて下さい」

これ以上は無理だと何度言っても、彼からのメールは何通も届いた。

「盗んだ人から五〇ドルは返してもらった」とも言ってきた。盗んだものの一部を返してくれる泥棒がどこにいるのか。私は馬鹿にされているようでだんだん腹立たしくなってきた。

さらにメールの内容はエスカレートしてきた。

「助けて下さい。僕のお母さんになって下さい。僕はワットを出たいんです。いつもボスにいじめられているんです。僕は本当はラオスの大学に行きたい。将来のことを思えばタイの大学に行くよりは有利なんです。でもラオスの大学に入るには一年五〇〇ドルかかる。それが無理ならタイでもいいです。タイなら三〇〇ドルですみますから」

そんな内容のメールが何十通も届いた。そのつど、お金は送れない、母親にもなれないという返事を返した。

私がアメリカに帰って来てからもクンチャイはメールを送り続けてきた。あまりの熱心さに、できることなら助けてあげたいと気持ちは動きそうになった。それでも私は何も約束はしなかった。もう一度会って、彼がどんな人間が見極めてから決断しても遅くはないだろう。近いうちにラオスに行こう。クンチャイに会うために。

三ヶ月後、クンチャイからメールが届いた。

「これが最後のメールになります。インターネットの料金が払えないからメールが出せないんです。僕はワットを出て田舎のお姉さんの所に帰ります。電話もないしコンピューターもないようなところだからもうメールも出せません。メールをもらってもチェックできないんです」

それで彼との交信は終わりになってしまった。

❖ふさぎゐる異国の友や合歓の花
❖黄金虫夢語る子の側を飛び

ラオス再び

ラオスにはもう一度行ってみたいという気持があった。私が目をかけていた若者クンチャイは突然消えてしまったが、もしかしたら、またどこかで会えるかもしれないというかすかな希望もあった。

二〇一五年にベトナムへ行った時は、二〇〇七年とは逆に、ハノイからバスでラオスに入ろうと計画を立てた。しかし、道路事情は二〇〇七年そのままで、ハノイから直行するバスはなく、途中の村々を通りながら二日もかかるというので、結局、この計画は取りやめた。それで、チェンマイを訪れた機会に、再びラオスに行ってみることにした。今度は、メコン川をスローボートで行くのではなく、飛行機でルアンパバーンに飛ぶことにした。飛行機では一時間もかからなかった。

二〇〇七年の旅行は行き当たりばったりで、ホテルの予約もしなかったが、今回はもう少し賢くやろうと思い、前に泊まったゲスト・ハウスをインターネットで探してみた。あった！うれしくなって電話をかけ、空室があるか聞いてみたが、電話先の声があの時とは違う。若い女性の声だ。一晩だけ予約を入れた。料金も三五ドルといやに高い。以前泊まった時は最高の部屋でも一〇ドルだった。あれから八年もたっているのだから高くなったのも仕方ないかもしれないと思った。とにかく、ルアンパバーンに向かった。

空港からタクシーに乗って、「コールド・リバー・ゲスト・ハウス」と言うと、運転手は知っていて、あっという間に着いた。しかし、どうも様子が違う。入口の鉄の門がまず違う。前は横にスライドするものだったが、ここは両開きになっている。

中に入ると若い白人の女性が立っていた。

「予約しているんですが、オーナーはどちらですか？」

「オーナーは私です。どうぞ中へお入り下さい」

私は建物の中に案内された。靴を脱いで入るのは前と同じだ。広々としたロビーには大きな安楽椅子とテーブルがあり、受付カウンターもある。普通のホテルと変わりない。

「前のオーナーはどうしたんですか？」

「孫が二人もできたので、これからは孫の面倒をみて過ごしたいと、ゲストハウスの経営を私たちに譲ってくれたんですよ」

「ここを売ったんですか？」

「いいえ、ラオスでは土地や建物を外国人に売ることはできませんから、オーナーは代っていません。でも経営は私たちがしています」

「それで三五ドルなんて高くなったんですね。前は最高一〇ドルでしたよ」

「随分手をいれましたからね。三五ドルが高すぎるのでしたら、朝食なしで二五ドルではどうでしょう？　あなたは特別です」

「以前は、ここは日本人が多かったんですが、今はどうですか？」

「時々来ますよ。でも高いからとなかなか泊まってくれません。真向かいのゲスト・ハウスは七ドルでも泊まれるそうですから、そっちへ行ってしまうみたいです。あなたもそちらへ行かれるのなら予約を取り消してもいいですよ」

今さら別のゲスト・ハウスに移るのも億劫だった。

「私がマネジャーになってから、内装を全部変えました。まず壁をはがして塗り替え、小さな部屋は大きくし、建て増しもして各部屋にベランダを作りました。すべての部屋にエアコンも取り付けました。これを三ヵ月でやったんですよ。大変でした。この新しいコールド・リバー・ゲスト・ハウスは先週オープンしたばかりで、あなたは三人目のお客さんなんです。もし泊まっていただけるなら、ベランダのある一番すばらしい部屋を用意します」

私には前回のにがい経験もある。やはり新しいコールド・リバー・ゲスト・ハウスに泊まることにした。どんな風に変わったかも見たかった。改築工事を始めた時付き合っていたフランス人の男性と結婚し、今は生まれたばかりの子供もいるという。

日本人が書き綴った便利帳は残っているのだろうか。

「ああ、あれ？　大切にとってありますよ。ご覧になりますか？」

この連絡帳にこれからも日本人旅行者が書き継いでいくだろうか。何か、私が最後のような気がするのだが……。

「前のオーナーは今どこにいるの？」

「すぐ近くに娘さんたちと一緒に住んでいますよ」

「アメリカ人の画家は？」

「それは誰ですか？」

「前のゲスト・ハウスの経営を援助していた人よ。その画家が描いた壁画があったはずよ」

「ああ、ありましたね。でも色があせてしまって、新しいゲスト・ハウスには合わないので、壁と同じ色に塗ってしまいました」

私がとても気に入っていた絵だった。残念。

「あの時、子供たちと一緒に外の石の壁にルアンパバーンの案内図を描いていたのを思い出したんだけど、あの絵はまだありますか？」

「あの絵も随分古くなってしまいました。それにあの石の壁は新しいゲストハウスの建て増しの際、建物に近すぎてよく見えなくなってしまったんですよ。ご覧になりますか？」

是非とお願いして外に出ると、前には鉄の門のすぐ右にあったのが、今は建物の傍らにまるで捨てられたかのように立てかけられている。それがルアンパバーンの案内図だとは誰も想像できないだろう。画家の消息はわからないと言っていたが、こんな変わり様は見たくもないだろう。改装するとはこういうことなのか、と心が締め付けられるようだった。

❖夏日和宿のマネジャーフランス人

お布施ショー

「明日、托鉢をするお坊さんの写真を撮りたいんですけど、何時に起きたらいい？」

フランス人の女性マネジャーに聞いた。聞いてから、しまったと思った。托鉢をするお坊さんの写真を撮りたいなどという生意気な言い方ではなく、「お布施をしたいんですけど」と言えばよかったと後悔した。しかし、相手はカトリックのフランス人だった。何も気がつかなかったように、「五時に起きないと間に合いませんよ」とあっさり言った。

「えっ、そんなに早く？　この前きた時は托鉢は七時からでした。ルアンパバーンが世界遺産に登録されてからは、観光客のために時間を遅くしたと聞いたんだけど」

「それは昔のこと。今は元に戻って、五時半から始めて六時半にはもう終ってしまいますよ」

「どこに行ったら見られます？」

「どこだって見られますよ。町中どこへ行っても」

翌朝、言われた通り五時に起きて、真っ暗な道路に出た。知っているはずの道が全然わからない。どこでも見られるといっても、どこへ行けばいいのか見当もつかない。気がつけば、暗闇の中に、私を出てくるのを知っていたかのようにトゥクトゥク（三輪タクシー）が待って

布施をするために僧がやってくるのを待っている

布施をする美女

托鉢僧の行列が
やってきた

大きな籠に中身を入れて次の托鉢へ

残ったお布施はワンちゃんに

いた。早速乗りこんで、お坊さんが托鉢に来るところに連れて行ってもらった。

降ろされたところには、私と同じ目的の外国人観光客が集まっていた。薄暗がりの中をよく見ると、道の端のほうに筵《むしろ》が敷いてあり、薄い綿の入った座布団や椅子まで置いてある。ここでお坊さんたちにお布施をしてくださいと観光客を誘っているようだ。

あたりを見渡すと、何人ものラオ人のおばさんが何かを抱えて立っている。私が一人でフラフラしていると、「お布施をするにはこれが必要なんですよ」と、ご飯の詰まった小さな竹の器を私の手に載せた。

「いえ、それは要りません。お布施じゃなく写真を撮りに来たんですから」

などと本当のことは言えない。

「ああ、そうですか」と素直に答えてお金を払おうとしたら、別のおばさんがやってきた。

「今はご飯と一緒にこれもお坊さんにあげるんですよ」

何かをちらちらさせる。クッキーやビスケットの入ったプラスチックの小さな袋だった。

「いいえ、それはいらないです」

「お坊さんはこれも期待しているんです」

仕方ないと、その分も払ったら、まだあった。

「お布施をするにはこれも必要なんですよ。貸してあげるから終わったら返してね」

最初のおばさんが私の首に白いスカーフをかけた。

「さあ、これで用意ができたわ。あそこに座ってお坊さんの来るのを待ちなさい」

言われた通り椅子に座って待った。気がつくと、周りには私と同じような人ばかり。団体客にはガイドがついていて、お布施のやり方を説明している。

やがて、オレンジ色の衣に身を包んだお坊さんたちがやってきた。シルバー色の大きな器を脇の下に抱え、座っている人たちの前に立ち止まり、お布施を受け取っている。お布施は餅米のご飯とプラスチックの袋に入ったお菓子だ。ご飯は手づかみで取る。大きなスプーンやしゃもじを使っている人もいるが、ほとんどは手づかみで取る。汚いなあと思ったが、お坊さんたちは無表情で黙って受け取っている。

お坊さんの抱えている器はたちまち一杯になってしまう。あれはどうするのかと見ていると、並んでいるお布施をする人が途切れている所に大きなカゴが置いてあった。お坊さんたちは一杯になった器の中の物を手づかみでそのカゴの中に入れ、また、お布施をする人の所に行く。あの大きなカゴの中身はどうするのだろう。そのまま捨てられてしまうのか、それともお寺に持って帰るのだろうか。

お坊さんたちの列は、どんどんやってきて、あっという間に通り過ぎてしまった。お布施をする人たちも去ると、反対側で見守っていた物売りのおばさんたちが、一斉に筵や座布団、椅子を片付け始めた。たちまち道路はきれいになってしまった。

残された私は、ステージの劇の一幕を見終わったような気分だった。これは観光客のための托鉢のショーに違いなかった。ルアンパバーンはラオスで一番お寺が多い町なので、お坊さんの数も一番多いはず。托鉢がこれだけのはずはない。托鉢は町のどんなところでもやっているはずなのだ。自分の家の前に来たお坊さんにあげるのが本来来の布施のはずだ。

「托鉢をするお坊さんはどこででも見られますよ」と言ったフランス人のマネジャーの言葉の意味がわかったような気がした。

お布施を売り物にするショーにがっかりもしたが、ルアンパバーンの現実を見たような気がした。

❖托鉢の音も呑み込む冬の朝

初めてのビエンチャン

正直言って、ビエンチャンにはあまり興味がなかった。ビエンチャンのことをよく言う人に出会ったことがないからだ。

「ビエンチャンはラオスの首都なのに、首都らしいビルディングが何もない」とか、「観光客ばかりで観光する所が何もない」とか……。行きたいという意欲を湧かせるようなコメントはなかなか聞くことができなかった。

しかし今回はどうしてもビエンチャンに行かなければならなかった。アメリカに帰る飛行機はバンコク発であり、バンコク行きの便はビエンチャンからしか出ていないからである。

ビエンチャンの空港は、滑走路は広いが、ターミナルの建物は小さいのがポツンとあるだけだったし、飛行機もバンコク・エアとタイ・エアの二機しかない寂しい空港だった。

ポーンサワンのホテルのマネジャーが、「ビエンチャンではこのホテルがいいですよ。日本人がたくさん泊まりますから」と一枚の名刺を渡してくれた。そのおかげで、空港でまごまごすることなく、すぐにタクシーに乗り、ホテルに行くことができた。

ホテルはすぐ見つかった。ロビーも広く立派だったが、「空きはありません」とあっさり断られてしまった。一晩十七ドルと手頃だったので残念だった。

がっかりして外に出ると、隣の建物もホテルだ。荷物をごろごろ引っ張りながら入っていったが、ここでも「空室はない」と言われてしまった。途方に暮れた私に、レストランで朝食を食べていた観光客の一人が、「心配ないよ。道路の反対側を歩いて行ってごらん。ホテルが一杯並んでいるから」と教えてくれた。

車が行き交う道路を渡り歩いて行くと、「朝食付き四ドル。Free Wifi」という大きな看板が見えた。一軒おいて隣にも同じような看板が出ている。この二つのホテルはバック・パッカー用のホテルらしい。「バック・パッカー・ウェルカム」と書いてある。中に入ってみた。

「空いていますか？」

「ありますよ。朝食付きで四ドル。今すぐ入れます」

四ドルは安いが、シャワーもトイレも共同かもしれない。部屋にはベッドとテーブルと椅子しかないかもしれない。

「お部屋を見せていただけますか？」

「どうぞ、どうぞ」

思ったとおりだった。清潔だが、部屋は狭くベッドだけ。トイレ、シャワーは共同。まるで大学や会社の寮のようだ。部屋にはテーブルがないので、Wifi を使う時はロビーのテーブルを使わなければならない。受付に戻りながら考えた。

「私は若くない。部屋にトイレ、シャワー、できたら湯船がある所に泊まりたい。私はバック

・パッカーではない」
四ドルは魅力だったけれどやっぱり止めることにした。

その通りはゲスト・ハウス通りと言ってもいいほどホテルやゲスト・ハウスが並んでいる。その中の一軒、しっかりしたドアが付いているドゥアンドゥアン・ホテルに入ってみた。

「空いてますよ。二五ドル。冷房暖房付き」

「部屋を見せてください」

部屋は三階で、ビエンチャンの町並みが一望できる。ベッドもクイーン・サイズ、テレビ、テーブル、冷蔵庫まである。バスルームには湯船もある。しかもエレベーターまである。四ドルのホテルに比べればずい分高いが、それくらいの贅沢をしてもいいだろう。

フロントに戻り、マネジャーらしき人に会った。ラオス人で、ここのオーナーだという。とても好感の持てる人だったので、ビエンチャン滞在中はここに泊まることにした。


まずやらなければならないことがある。それまでに溜めに溜めた汚れた衣類の洗濯だ。部屋の窓から覗くと、「洗濯、一キロ八〇〇〇キープ（八〇〇円）」という貼り紙が見えたので、プラスチックの袋に入れて持って行った。

「今日の夕方七時にできます。それでいいですか？」

なんと、その日のうちにできるなんて感激。もちろんＯＫ。私は早速ビエンチャンの観光に出かけることにした。

まずバンコク行きの飛行機のチケットを買わなければならない。一日二便しかないので、すぐに売り切れてしまうのだ。旅行会社はすぐそばにあった。

その旅行会社は、旅行者でにぎわっていた。ベテランの中年男性がきれいな英語で応対してくれたが、私のチケットを手配している間も、ひっきりなしに旅行者が入ってくる。フランス語だったりドイツ語だったり。それを見事にさばいている。

「ずいぶんいろいろな言葉を話せるんですねえ」

「こうでなければこの商売はできませんからね」

彼は淡々と言いながら、見逃してはいけない観光スポットをいくつも教えてくれた。

「明日はラオスで一番偉いお坊さんのお葬式があるんです。それを見ていって下さい」

「そのお坊さんはいつ亡くなったんですか？」

「もう一ヵ月も前なんですが、お葬式は明日なんです。大きな山車がでて、この前の道を引っ張っていくんです。その山車は高僧でなければ出さないもので、とっても珍しいことなんですよ。えらいお坊さん達がラオス中から集まってきます。そんなお葬式を見られるチャンスはめったにありませんよ。だからほかの観光スポットは今日のうちに行かれたほうがいいですよ。まずブッダパークはいかがでしょう？」

こうしてビエンチャンの観光が始まった。

❖背丈より高き野萩と遊ぶ子等

高僧の棺が運ばれる
ワット・シーサケット

棺を運ぶ
霊柩車

葬式はお祭りのよう。土産物店まで出ている

ビエンチャンの観光

旅行会社で勧められたブッダパークのバスツアーを申し込んだ。若い韓国人女性三人と私だ。ビエンチャン郊外のブッダパークには、巨大な野外寝仏がある。寝仏としてはラオスで一番大きいそうだ。パーク内には、仏陀の像ばかりではなく、ヒンズー教の像もある。ラオス仏教にはヒンズー教の影響がかなりあるのかもしれない。

このツアーはすぐに終わってしまい、お昼すぎにはビエンチャンに戻ってきた。「大阪」という日本食レストランでランチを食べ、その後はひとりで市内を廻ることにした。地図で見る限り、観光スポットはどこも歩いても行ける距離にあるようだ。

まずラオス国立博物館へ行った。フランス統治時代の一九二五年に、フランス総督の住居として建てられたものだ。フランス人が引き揚げてからラオス革命博物館となり、二〇〇七年にラオス国立歴史博物館に、それから今のラオス国立博物館と改名された。その建物を見るだけでなく、展示も興味深いものだった。館内の写真撮影は禁止されていることがあとで観光案内書を見てわかったのだが、その時は知らなかった。職員もカメラを持っている私に何も言わなかったので、自由に撮っていいものと思い撮りまくった。

ブッダパーク

国立博物館の展示

ラオスの歴史については事前に本を読んでおいたが、実物や写真などで丁寧に説明してあるのでとてもわかりやすかった。とくに現代に近づくと、写真の点数も多くなり、説明も長文なので、最後まで読むのに時間がかかった。

「もうすぐ閉館の四時になります。早めに見学を終わらせてください」というアナウンスが流れ、係りの人が館外に出るようにと言ってきたが、私が忙しくカメラのシャッターを押しているのを見ても何とも言わなかった。

急かされるようにして博物館の外に出た。まだ四時なのに、どうしてそんなに早く閉館するのだろうか。もう少し観ていたかったのに残念だった。

仕方がないので、次の観光スポットのお寺へ行こうと歩き始めた。ふと、「キャロルのテキスタイル」という看板が目に入った。その看板がかかっているのは立派な門構えのお金持ちの家に見えた。テキスタイルという言葉に惹かれて、中を覗いたが誰もいない。門をくぐって建物の方へ行っても誰も出て来ない。ラオスのテキスタイルは有名で、東南アジアで一番素晴らしいという人もいるくらいだ。キャロルというのがちょっと不思議な気がしたが、ドアのベルをならしてみると、女性がドアを開けてくれた。

「どうぞ、ゆっくりごらんください。もしご用があれば声をかけてください」

そう言って、彼女はオフィスへ戻って行った。外から見ると民家のようだったが、ここはお店だった。スカーフ、バッグ、生地、タペストリーなどが品よく並べてある。しかし、その値段のなんと高いこと！

ここは、アメリカ人のキャロル・キャシディさんが開いたお店で、ラオスの伝統的な織物製品の生産と販売を行っている。とても私の手が出るような値段ではないので外に出ようとすると、売り子の女性に英語で話しかけられた。

「お気に入ったものが見つかりませんでしたか？」

「いいえ、たくさんありすぎて……。素晴らしいですねえ。でもお値段が私には高過ぎます」

「そうですよね」

まるで私に同情するような言い方だ。

「美しいものをたくさん見せていただいてどうもありがとう。ラオスには素晴らしいものがたくさんありますね」

「ありがとうございます。そう言っていただけるとありがたいです。でも私達はお金がないので、そういう美しいもの、素晴らしいものをどんどんお金のために売り払っているのです。だんだんなくなってしまっています」

「そうですか。それは残念なことですね。でもプライドを持って、長く継続していくということは可能なのでは？」

「そうなのですが、お金の力には勝てません。私達は貧乏でお金のために今まで築きあげてきたものでも、簡単に捨ててしまっているのです」

その売り子のお姉さんは私よりももっと憤慨しているようだった。

「あの博物館だってそうです」

「あの博物館がどうしたのですか？」

「四月からホテルの工事が始まるんです」

「あの博物館は政府のものじゃなかったんですか？」

「政府が中国人に売ってしまったんですよ。政府はお金が欲しくてラオスの文化を残そうとか、ラオスの将来のことは全然考えていないんですよ。中国人はお金があるでしょう？　そのお金でラオスの文化遺産を買い、そこに更にお金を儲けるために高級ホテルに改築するんですよ。私は悲しくって……」

「えっ、もうそう決まったんですか？　市民が反対運動を起こさないんですか？」

「反対運動？　もしそんなことをしたら、すぐに捕えられて監獄行きですよ」

「えっ、今でも？　今は随分自由になったと思いましたけど」

「いいえ、表面的には自由になったように見えるでしょうけど、自由なんてありませんよ。政府の言うままに動かなければすぐ監獄行きです。私はこんなことをラオス人の友達にも言えないんですよ。あなたが外国人で観光客だから言っているんです。誰にも口外しないで下さいね」　そう言って、口に指を当ててチャックを閉める仕草をした。もちろん口外しないと約束したが、何とも複雑な気持にさせられた。

テキスタイルのお店の売り子のお姉さんは博物館を中国に売却したと言っていたが、帰国後に調べたところ、実は国立博物館は別のところに移転して新館が建設されるとのことである。二〇一七年に開館予定だそうだ。したがって旧館がホテルに転用されるということかもしれない。

最近の中国は積極的にラオスに進出しているようだ。ショッピングセンターや公園をつくったり、土木工事などインフラ整備にも一役買っている。お金儲けのためなら何でもすると見られるのも無理はないようにも思う。

彼女の話を聞いてから、何となく気が重くなり観光気分ではなくなった。それに、ほとんどのところが四時で閉まってしまう。ビエンチャンにあるデパートも六時で閉まるという。レストラン以外に行くところはない。がっかりした私はホテルに帰りお風呂に入ろうと思った。ホテルの近くまで戻ってきて、洗濯物のことを思い出した。

「ああ、出来てますよ。秤が壊れているので、まあ大体でいいです。一キロ八〇〇キープ(約八〇円)です。はい、どうぞ」

一キロ以上はあったはずだが、いいんだろうか。お金を渡して店の外に出ると、「足のマッサージはいかが?」と声をかけられた。五、六人の女の子たちだ。

洗濯屋の前のちょっとしたスペースで、お互いに足のマッサージをし合って笑っている。

「足のマッサージもやるの?」と聞くと、「私たち、練習しているんです。ほら、あの人が先生なんです」と、私に洗濯物を渡してくれた女の人を指して言った。

「私がみんなに教えているんです。今ビエンチャンに来ているこの子たちが、村に帰って少しでも稼げるように、マッサージやマニキュアのテクニックを教えているんです。一日中歩いて疲れたでしょう？　マッサージはいかがですか、よそよりは安くしてあげますよ」

　確かに、足はパンパンだ。断る理由は何もない。それから三十分、足のマッサージをしてもらった。マッサージをしている間も、何やかやと言っては笑い賑やかだった。そのうち二人の女性が加わり、テーブルの上の食べ物の残りを食べ、彼女たちも会話に加わった。笑いが絶えなかった。

　この時期はモン族のお正月らしい。それで若者たちは一週間くらい田舎から都会ビエンチャンに出てくるという。その間にマニキュアやペディキュアの技術を学んでいる。何ともたのもしいものだと感心した。

　洋服も下着もきれいになり、足もマッサージしてもらった。すっかり生き返った気持ちになった。さあ、明日もビエンチャン観光を続けよう。

❖夏草に埋もれ語りし過去のこと

あとがき

ラオス、カンボジア、ベトナムの三か国の旅行では、ベトナム戦争後の各国のめざましい復興と同時に、戦争の傷跡も目の当たりにした。ベトナム戦争がいかに無意味で無益な戦争であったかを改めて思い知らされた。この三か国は、西欧列強に翻弄される前も、周囲の民族に襲われ、殺され、奴隷にされるという惨事を繰り返してきたという悲しい事実を教えられた。それでも、文化、風習を守り育てながら、確実に前に進んでいる事実を数多く目撃、体験した。

現在、これらの国々の人々は、自分たちの国を立て直そうと懸命になっている。争いのない世界が長く続くように、一人ひとりの国民が少しでも豊かになるように、という彼らの願いが感じ取れた。

一方、これらの国々への日本企業の進出には目を見張るものがあった。現地の人たちの日本への関心と日本人への信頼度も高い。特にベトナムは、第二次世界大戦の時に日本が占領しなかったからか、あるいは、日本がベトナムの独立を支援したと理解しているからなのか、私にさえ特別な親しみをもって接してくれているような気がした。

これからの日本の若者たちは、どんどん東南アジアに出向き、現地の人たちと交流してほしいと思う。

参考文献

高山良二『地雷処理という仕事』ちくまプリマー新書

アキ・ラー編著『アキ・ラーの地雷博物館とこどもたち』三省堂

西岡香織『アジアの独立と「大東亜戦争」』芙蓉書房出版

『地球の歩き方　東南アジア』ダイヤモンド社

Alexander Laban Hinton, *Why did they kill?*, University of California Press

Michael Freeman, *Ancient Angkor*, Claude Jacques

著 者

ウイリアムス春美《はるみ》

1939年（昭和14年）福島県生まれ。青山学院大学卒業後、中学校の英語の教師になる。1968年（昭和43年）にイギリス人と結婚。結婚後アメリカ、インドネシア、マレーシア、イギリスに住み、1976年からアメリカのワシントンD.C.に定住。1982年（昭和57年）にジョージタウン大学大学院を卒業し、その後ジョージタウン、アメリカン、ハワード大学で日本語を教える。1997～1998年（平成9～10年）、イギリスにて代替医療について学び、以後アメリカにて代替医療に携わり、太極拳をシニアセンターやスポーツセンターなどで教える。
著書に、『ぶらりあるき幸福のブータン』（2011年）、『ぶらりあるき天空のネパール』（2012年）、『ぶらりあるきチベット紀行』（2013年）、『ぶらりあるきビルマ見たまま』（2015年、以上、芙蓉書房出版）、『母なるインド』（芙蓉書房、1970年）がある。また、上毛新聞に「アメリカ向こう三軒両隣」を９回連載（1982年）、ワシントンコミュニティーニュースレター「さくら通信」に戦争体験者へのインタビュー「あの頃」を７回連載（2005年）。

ぶらりあるき　メコンの国々

2016年 5月15日　第１刷発行

著 者

ウイリアムス春美《はるみ》

発行所

㈱芙蓉書房出版

（代表 平澤公裕）

〒113-0033東京都文京区本郷3-3-13

TEL 03-3813-4466　FAX 03-3813-4615

http://www.fuyoshobo.co.jp

印刷・製本／モリモト印刷

ISBN978-4-8295-0679-0